主编

王　任　张
茜　燕　华

幼儿园大观念课程设计与实施

教育科学出版社
·北京·

本 书 编 写 人 员

主　编　张　华　任　燕　王　茜
副主编　周　珏　钱兰华　宋晓燕　安　茜　张煜莹

各部分编写人员

总论部分（第一、二章）张　华　任　燕

第三章　张　玮　董　婧　安　茜

第四章　陈　茜　安　茜

第五章　陈宁薇　安　茜

第六章　张煜莹　梁嘉心

第七章　曾莹莹　安　茜

第八章　周　印　宋晓燕　安　茜　诸小敏　黄　伟

第九章　宋晓燕　安　茜　陈宁薇

目　录

第一章

幼儿园大观念课程与教学：

是什么？为什么？怎么做？…………………………… 1

第二章

幼儿园大观念教学设计架构………………………… 24

人与自我

第三章

入托与适应：我上幼儿园………………………… 66

第四章

成长与变化：你好，小学………………………… 88

第五章

艺术与表达：艺术小玩家………………………… 110

人与社会

第六章
系统与便利：交通总动员………………………………… 132

第七章
环境与生活方式：荒岛求生………………………………… 161

人与自然

第八章
自然现象与生活：今天是什么天气?………………………… 182

第九章
植物与责任：我的植物朋友………………………………… 202

附　录………………………………………………… 222

第一章

幼儿园大观念课程与教学：
是什么？为什么？怎么做？

构建适应数字时代个人和社会发展需要的基础教育课程与教学新体系，是我国当前课程改革的重大主题与根本任务。为此，国家确立了"核心素养"的课程理念与目标。所谓"核心素养"，即人在真实情境中解决复杂问题的高级能力与人性能力。在急剧变化的数字时代，这是每一个人都必须具备的"基本素养"。发展"核心素养"要求课程目标和内容"更少、更高、更深"（fewer，higher，deeper），这意味着要走向大观念课程与大任务教学，倡导深度学习。

学前教育如何走向大观念课程和大任务教学？幼儿如何进行深度学习？本书试图提供一份幼儿园大观念课程的设计框架和实施案例，供广大幼儿教育者参考。本章我们先从数字时代的儿童观谈起，进而探索幼儿园大观念课程的内涵、价值和方法。

一 数字时代的儿童观

数字时代的儿童观至少包含以下内容。

（一）儿童价值的阶段论与儿童认识的连续论

自文艺复兴儿童意识觉醒、启蒙运动儿童内在价值最终确立以后，关于儿童发展，有两种典型观点，即阶段论与连续论。阶段论（stage theory）认为儿童的认知、情感、人格和社会性发展具有阶段性，每个阶段具有独特性，不同阶段之间有质的差异，恰如化茧成蝶。连续论（continuum theory）认为儿童的发展是一个连续生长的过程，不同水平之间无阶段独特性和质的差异性，恰如嫩芽、树苗直至参天大树，不过是年轮不断向外拓展而已。

阶段论起源于儿童内在价值论。18世纪以来最伟大的启蒙理想——人即目的，必然蕴含着儿童即目的，也必然会引申出儿童阶段与成人相比具有独特的内在价值。由于儿童阶段是人的身心快速成长、发育和发展的时期，这就促使了人们把儿童阶段本身再细分为不同的发展时期并寻找各时期身心发展的独特性。所以阶段论在儿童发展理论中一直处于主导地位，对促进儿童内在价值的发展以及现代民主文明的进步具有重大贡献。18世纪卢梭（J. J. Rousseau）开儿童阶段论先河，20世纪皮亚杰（J. Piaget）的儿童认知发展阶段论达到顶峰。但必须看到，当阶段论拓展到儿童认识领域，将儿童认识区分为"低级"与"高级"，并认为二者间存在"质的差异"时，这不仅可能导致儿童认识发展的机械论，将儿童不同时期认识发展割裂化与人为化，而且更大的危险是会导致儿童内在价值的虚化，阻碍儿童内在价值的发展。当认为整个儿童阶段或某个年龄之下的儿童认识水平"低级"，不能进行理智和价值判断时，就为别人告诉儿童什么是正确和错误、什么是好与坏铺平了道路，"尊重儿童的内在价值"就变成了空话。人的尊严首先是思想的尊严。尊重儿童的内在价值首要的是尊重儿童思想的权利。

连续论强调环境和教育对儿童发展的作用，特别为一些经验论哲学家和行为主义心理学家所主张。它强调儿童身心发展的连续性以及环境和教育的作用，有合理之处。但是，如果过于夸大环境和教育的作用，忽视儿童的内在价值和主体地位，则会走向机械的"环境决定论""教育万能论"和形形色色的"工具主义"，导致儿童教育的工具化与专制化。

人是制造、使用和更新工具的存在。在今天的数字时代，电脑已成为"儿童的机器"，作为数字时代"原住民"的儿童可以借助电脑自由创造思想、生活和世界。我们需要重新理解阶段论和连续论，建立与数字时代相适应的新儿童观。

首先，在儿童价值论上秉持阶段论，并将阶段特性建基于儿童个性发展的独特性之上。与成人比较，儿童阶段具有独特性。儿童与成人之间的差异，不是等待填补的空缺，而是值得尊重的价值。这种价值构成了"阶段文化"的基础。这就是"儿童文化"的由来。儿童文化本质上是儿童阶段的独特价值、生活方式和意义体系。它既可以表现为不同年龄段或学龄段，也可以表现为"一岁"或"一个年级"。其根本价值追求是儿童的每一个年龄阶段和每时每刻都具有内在价值、值得珍视，儿童的名字叫"今天"。无论是卢梭"把儿童当作儿童"的观念，还是杜威（J. Dewey）"用绝对的、内在的观点看待儿童"、让儿童过"共同体的组织与生活"等观念，抑或维果茨基（L. S. Vygotsky）认为儿童具有社会性、让学习植根于"最近发展区"以引领发展等观念，均是对儿童文化价值的深刻揭示。此外，在同一个"阶段文化"中，不同儿童具有个性发展的独特性和差异性。正是这种独特性和差异性，让儿童交往、团队协作成为必要，儿童文化建立在儿童个性之上，儿童个性以儿童文化为发展条件。尊重每一个儿童的独特价值与尊严，儿童的名字叫"独特"。卢梭的"原子儿童观"奠定了尊重儿童个性价值的最早基础，他创造的"爱弥儿"是儿童自由个性的"标准像"。杜威认为人性是可变的，儿童的个性不是抽象而固定的，像藏在抽屉里、等待取出的宝贝那样，而是通过社会联合行动在改变世界的过程中不断被创造出来的，他把这种个性称为"新个性"。[①]当代存在主义者则进一步主张儿童个性是关系中的独特性与可能性，儿童即"项目"（projects），儿童本质上是自我创造的。[②]凡此种种的观点均昭示我们：教育必须既要尊重儿童文化的价值，又要尊重儿童个性的独特性。漠视儿童独特性则无教育或反教

---

① DEWEY J. Individualism, Old and New[M]//John Dewey: The Later Works, 1925-1953. Vol. 5. Carbondale IL: Southern Illinois University Press, 1987: 121-122.

② SARTRE J. Existentialism Is A Humanism[M]. New Haven: Yale University Press, 2007: 22.

育。教育学即儿童学。

其次，在儿童认识论上秉持连续论，并将儿童认识理解为程度上不断深化的创造过程。认识即创造。儿童认识与成人认识的区别不是有无创造的区别，而是创造的复杂程度、成熟水平和社会意义上的区别。只要在价值论上承认儿童是主体和自我创造者，必然在认识论上承认儿童是认识者、理解者和创造者。杜威曾说："一个三岁儿童发现他能用积木所做的事，或者一个六岁儿童发现把五分钱和另一个五分钱加在一起能做什么，他就是真正的发现者（discoverer），即使世界上所有其他人都知道这一点。……儿童自己所体验到的快乐是理智建构——创造的快乐，如果创造一词的使用不被误解的话。"[①] 认识即个体经验中新质（a new quality）的产生，是思维和创造的过程。儿童与成人之间、儿童的不同发展阶段之间，均是创造、思维和理解的程度上不断加深、范围上不断扩大、社会意义不断提升的过程。

总之，倡导儿童价值的阶段论，尊重儿童文化的特殊性和儿童个性发展的独特性；秉持儿童认识的连续论，让儿童认识成为一个程度上不断加深的"创造力的连续体"。这是数字时代儿童观的基石，是发展核心素养的内在要求。

（二）儿童认识具有高级性

认识即创造，创造具有高级性。儿童是高阶思维者。儿童与生俱来带着"四种本能"：社会交往本能、建造本能、探究本能与表现本能。[②] 由此构成儿童高阶思维和社会交往的自然能力与基础。儿童出生以后，便基于这些高阶思维和社会交往的"种子"与周围环境展开互动，在积极主动的行动——游戏和活动中改变着世界、建构着自我。儿童在活动过程中基于日常生活经验，自发建构着各种各样用于解释生活现象的"天真理论"（naïve theories），并以

---

① DEWEY J. Democracy and Education[M]//John Dewey: The Middle Works, 1899-1924. Vol. 9. Carbondale, IL: Southern Illinois University Press, 1976: 166.

② DEWEY J. The School and Society[M]//John Dewey: The Middle Works, 1899-1924. Vol. 1. Carbondale, IL: Southern Illinois University Press, 1976: 29-33.

这些理论为背景形成和发展着"日常概念"。"毛衣能产生热量""树摇动产生了风""山是有人建造的""雨是天上的爷爷在浇花"……，诸如此类的"理论"和相应的"概念"在学术或科学上是错误的，因而被称为"迷思概念"（misconceptions）。[①]然而，儿童这些迷人的天真理论和错误概念从另一个方面证明：儿童是理论、概念和价值的建构者。进入制度化幼儿园和学校教育以后，儿童基于其日常生活经验及由此形成的天真理论和日常概念，系统学习更有解释力量和社会意义的以学科形态呈现的学术理论与概念。这个过程便是将学科逻辑转化为儿童的心理经验，并以学科逻辑为判断标准从儿童既有经验中选择有生长价值的要素，让儿童以社会交往、探究、建造、表现等方式学习学科知识、参与社会生活，主动纠正原先的"迷思概念"，不断形成日益丰富和专业化的"概念性理解"，最终发展成为具有高阶思维能力和社会责任感的自由个体。

认知心理学、新兴的学习科学等研究领域提供了大量的科学证据，这些证据充分证明：儿童的高阶思维和社会交往能力既不是"不全则无"的，也不是线性发展的，而是一个从简单到复杂、从不成熟到日益成熟的动态、整体和有机发展的过程。如所周知，当代最伟大的心理学家皮亚杰开创了认知心理学，创造了"建构主义"心理学说，提出了著名的儿童认知发展阶段论。他的建构主义学习理论从唯理论和结构主义哲学的角度确立了儿童是知识建构者和主动学习者的观念，与杜威的思想殊途同归。但他的"四阶段"认知发展理论认为，儿童只有发展到"形式操作阶段"（formal operational stage）即初中以上的青少年时期，才能从事真正意义的逻辑思维、概念性思维，发展概念性理解，因为这个阶段的儿童才能运用符号、形成概念；幼儿园阶段的儿童思维"不具有逻辑性"，也"不具有可逆性"（如把橡皮泥球搓成香肠，儿童不能从香肠返回到球的形状），故不能进行逻辑思维；小学阶段只能借助形象进

[①] GARDNER H. The Unschooled Mind[M]. New York: Basic Books, 2011: 155-180.

行"具体思维"，无法进行真正的抽象思维。皮亚杰的这些观察和实验结论与近几十年的研究证据相左。心理学和学习科学证明：18—36个月大的婴儿就是问题解决者；3—4个月大的婴儿就开始产生物理概念的萌芽；6个月大的婴儿开始产生生物因果关系的萌芽；6—8个月大的婴儿就有数字概念的萌芽；2个月的婴儿就表现出对母语的敏感性；18—24个月大的婴儿就表现出初步的"元认知策略"。[①]研究还证明：假如提供有意义的情境，幼儿和小学生都能进行抽象思维；儿童的概念一般局限在特定专业领域，概念的获得需要"理论"的支持；儿童的概念性理解具有累积性，需要不断形成和发展。[②]总之，越来越多的科学证据充分证明了儿童认识的高级性。

儿童认识高级性的认识论观点和相应科学证据，对幼儿园课程改革具有重大意义。首先，既然儿童是天然的高阶思维者和复杂交往者，将课程目标指向发展儿童的核心素养，就是儿童发展的内在需求，符合儿童的天性和发展需要。其次，培养儿童的核心素养需要摒弃"长大了再创造"的传统线性发展观，儿童并不因年龄小而沦为受人摆布的"知识容器"，儿童是因"未成熟"而更富潜能和可能性的"小创造者""小发明家"。最后，素养本位课程与教学需要将创造变成儿童的学习与生活方式，将高阶思维和复杂交往本身转变为课堂教学方式，让每一个儿童"创造着长大"。

（三）儿童认识具有多元性

认识即理解，理解具有多元性。每一个人都基于自己的目的或意向，选择特定对象，运用自己的方法，获得自己独特的个人化理解，这就是人对世界的认识过程。个人化理解体现了多元实在论与多元认识论的统一。人心灵之外的"实在"（reality）或世界是多元的，永远处于关系网络之中和变化生

---

① NATIONAL RESEARCH COUNCIL, et al. How People Learn: Brain, Mind, Experience, and School (Expanded Edition) [M]. Washington, D.C.: National Academy Press, 2000: 79-113.

② MEDWELL J. et al. Concept-Based Teaching and Learning: Integration and Alignment across IB Programmes[R]. International Baccalaureate Organization, 2019: 25-29.

成之中。杰出哲学家梅洛-庞蒂（M. Merleau-Ponty）曾说，世界由"视角"（perspectives）构成，视角不是人对世界的主观歪曲，而是世界本身的特性。世界的"视角性"就是世界的"可理解性"，这也是爱因斯坦的名言所揭示的：世界上最不可理解的事情是世界是可理解的（comprehensible）。世界的"可理解性"或"视角性"意味着人对世界的理解是永无止境的。可能除了人的尊严之外并不存在所谓"绝对真理"。此外，人对世界的理解是多元的、个性化的、关系中的、交往性的。每一个人既是独特的，又永远处于"认识共同体"中。儿童在游戏、活动和学习过程中不断建构着自己的个人化理解，同时在同伴交往、师生互动和社会交往中逐渐认识到人与人之间观点的差异性和联系性，学会移情理解、相互倾听，使自己的理智、情感和社会性日趋成熟。

心理学提供的经验证据充分证明：儿童对世界的认识是多元的。皮亚杰揭示出人理解世界的三种基本方式：动作表征、图像表征与符号表征。他的杰出贡献不在于在这三种方式上"斤斤计较"：谁比谁"更高级"或分别处于哪个年龄阶段，而在于人理解世界的多元方式和个性化特征。我们应当做的不是尽快把童年阶段"送走"或让儿童像成人那样，而是让儿童更像儿童，因为他们本身就是"伟大学习者"。[1]美国心理学家加德纳（H. Gardner）则在皮亚杰思想的基础上进一步明确提出了"多元智力理论"，他的主要贡献也不在于列举或试图"穷尽"智力类型，而在于让学习者个性发展建立在多元认识方式之上，让每个人都能找到自己喜爱且擅长的学习领域，把学习领域变成探究方式和理解对象，促进个体智力和个性的整体发展。[2]

素养本位课程与教学改革需要充分尊重儿童认识的多元性。首先，将儿童的"个人化理解"作为课程核心素养的有机构成与核心，只有生成每一个儿童的"个人化理解"，每门课程的概念性理解（即"大观念"）才具有核心素养

---

① PAPERT S. The Children's Machine: Rethinking School in the Age of the Computer[M]. New York: Basic Books, 1993: 155.

② GARDNER H. Frames of Mind: The Theory of Multiple Intelligence[M]. New York: Basic Books.

的内涵。其次，将多元表征方式或"多元智力"转化为对单元主题及"大观念"的多元"进入点"（entry points）和探究方式。可根据儿童的不同认知风格自由选择动作、图像或符号"进入点"和探究方式，也可让儿童选择故事、数字图表、逻辑推理、艺术表现、情感投入、动手操作、小组合作等作为"进入点"和探究方式。[①]最后，充分尊重儿童探究过程的个性化，鼓励核心素养的多元化表现，设计"真实表现性任务"，让儿童在完成真实任务、从事真实实践的过程中表现其概念性理解与核心素养。

（四）儿童认识具有直接性

认识即体验，体验具有直接性。人只有进入世界、改变世界，才能认识世界。一切认识都是"通过寓居而认识"（knowing by indwelling）。无论多么试图"客观中立"、"超然物外"或"冷眼旁观"，对认识对象的参与都是不可避免的，否则就没有认识或不是"我的认识"。认识的直接性意味着人的观念或理解只能由认识主体自身亲自获得，不能通过传递而"间接"得到。"间接"得到的不是观念或理解，而是"信息"或"事实"。杜威曾说："没有思想、没有观念可能从一个人传递给另一个人。当观念被告诉的时候，对被告诉的人而言，它已不再是观念，而只是另一个给定事实。"[②]就儿童的认识发展而言，儿童首先在一系列衣食住行、游戏、活动中获得了丰富多彩的第一手经验，这类经验与"如何做事"联系在一起，属于"能力之知"（knowing-how）。儿童在行动、活动、做事中一定会亲身接触与"如何做事"直接联系的事物，如幼儿在骑心爱的自行车、玩心爱的玩具时，一定会认识自行车、玩具，儿童对活动或行动的对象或事物产生一手经验、建立情感联系，这类经验属于"亲知"（acquaintance）。"能力之知"与"亲知"属于直接经验的范畴。伴随儿童语言

---

① GARDNER H. The Disciplined Mind: Beyond Facts and Standardized Tests, the K-12 Education that Every Child Deserves[M]. New York: Penguin Books, 2000: 188-199.

② DEWEY J. Democracy and Education[M]//John Dewey: The Middle Works, 1899-1924. Vol. 9. Carbondale, IL: Southern Illinois University Press, 1976: 166.

能力的发展，儿童开始理解语词的意义，借助语言儿童可以通过阅读或被告知的方式获得遥远之处或久远之前的别人的经验，这类经验对儿童而言未亲身经历，故称为"信息"（information）。随着儿童心智的成熟、理性的发展，儿童开始在事物之间建立逻辑联系，能够对事物做出判断：它来自哪里、引向哪里，这类以逻辑为中介所建立起来的经验，是人类的成熟经验、高级经验，这类经验被称为"科学"（science）。"信息"和"科学"对儿童而言属于间接经验的范畴。以"书本知识"为代表的间接经验，由于儿童未亲身经历，故难以理解，试图通过"告诉"或"传递"的方式让儿童掌握，儿童获得的只能是僵死的"惰性知识"。唯一的办法是将间接经验转化为儿童的直接经验，即转化为儿童的"能力之知"和"亲知"，让儿童用操作、实验、使用、游戏等归纳的方法重新发现或创造这些知识，他们才可能理解知识，并在不同情境迁移、应用知识。[①]

　　素养本位课程与教学建立在儿童认识直接性的原理之上。由于观念或理解具有直接性和"不可传递性"，教学必须植根于真实情境，让儿童通过实践完成"真实表现性任务"，亲身经历知识的诞生和使用过程，获得可迁移的概念性理解，形成做事的能力和品格，掌握少而精的关键知识。超越具体情境、具有普遍迁移性的核心素养只能在真实情境中通过真实实践来培养，素养本位教学在这里集中体现了辩证思维。这种教学大力倡导"归纳教学"与"归纳学习"。[②]我国基础教育课程改革也根据儿童认识直接性原理确立了"变革育人方式，突出实践"的根本原则，强调做中学、用中学、创中学，主张引导儿童参与学习领域的探究活动，经历发现问题、解决问题、建构知识、运用知识的过程，体会所学领域的思想方法。这是对我国以班级授课制为载体、以讲授教学为主要方式的传统教学的根本超越。

---

① DEWEY J. Knowledge[M]//John Dewey: The Middle Works, 1899-1924. Vol. 7. Carbondale, IL: Southern Illinois University Press, 1976: 265-269.

② ERICKSON H L, LANNING L A. Transitioning to Concept-Based Curriculum and Instruction: How to Bring Content and Process Together[M]. Thousand Oaks, CA: Corwin, 2014: 99-101.

二 什么是幼儿园大观念课程？

　　我国当前面向数字时代的课程改革提出了一系列新术语，其中最主要的一个就是"核心素养"。所谓"核心素养"，就是把知识与技能、过程与方法、情感态度与价值观"三维目标"融合起来，回到真实情境，解决复杂问题的高级能力和人性能力。它是为了迎接21世纪数字时代的挑战而提出的概念，故又称"21世纪素养"。

　　核心素养概念的提出，意味着我国整个课程和教学体系将对从课程目标、内容到教学、学习和评价方式进行整体变革。为实现此变革，我国提出了一系列伴随核心素养的以"大"为定语的概念：大项目、大问题、大情境、大任务、大观念等。在这里，"大"的意思是"强而有力"，能够帮助学习者"强而有力"地解决真实情境中的复杂问题。所有这些概念的本质都是"大观念"（big ideas）。倘若没有对"大观念"的理解与应用，其余的做法很可能流于形式、"换汤不换药"，改革目标难以达成。因此，核心素养理念意味着我国基础教育正在走向"大观念教学"：让各门学科的教学由传递学科事实、掌握"知识点"，走向理解学科事实由以产生的"大观念"，帮助儿童产生可广泛迁移的"概念性理解"。只有当儿童理解了大观念，形成了"专家思维能力"和"复杂交往能力"，他们才能成为数字时代"负责任的创造者"，我国教育改革才能完成时代使命。

　　所谓幼儿园大观念课程，是以大观念为核心内容，以探究实践为主要过程，以发展幼儿概念性理解与核心素养为目标的课程。它旨在发展每一个幼儿的逻辑心性与批判性思维能力。在大观念课程中，一切知识、技能都变成手段，成为发展概念性理解的工具。第一次明确提出"大观念"对教育的意义的人很可能是怀特海，他在1912年做的名为《数学课程》的演讲中说道："无人能成为好的推理者，除非他通过持久实践，已然意识到理解大观念并死死坚守大观念的重要性。"①

　　大观念课程与教学有着悠久的过去，却只有短暂的历史。从其悠久的传统而言，柏拉图的"理念"（idea，又译"理式""理型"等）是今日"观念"及"概念"（concept）的源头。他区分了"理念世界"与"现实世界"，认为抽象的"理念"是完美而实在的，具体的"现实"则是"理念"的不完美的复制品，是虚假而变化的。亚里士多德的形而上学和形式逻辑发展了柏拉图的"理念论"。在欧洲大陆唯理论（rationalism）和英国经验论（empiricism）长期分庭抗礼之后，直到18世纪的康德系统确立起"先验认识论"，为现代科学和今日倡导的学科概念奠定哲学基础。康德说："思维即通过概念而认识。"②他进而提出了著名的认识论公式：概念无经验则空，经验无概念则盲，概念与经验的结合即理解或知性的发生。③在康德看来，概念具有独立性，不能通过分析经验事实而获得。概念又依赖经验事实验证其合理性。杜威在其独特的"探究逻辑"的基础上，撰写了被称为"进步教育圣经"的不朽名著《我们怎样思维》（How We Think），这也是关于"核心素养"的经典之作。杜威认为概念或观念是分析困惑问题的理智工具，是引领实验或探究的假设。这样，学科概念或观念就与学科实践或实验有了内在联系。从柏拉图、亚里士多德到康德、杜威，他们的概念或观念理论为今日大观念课程与教学提供了取之不尽、用之不竭的智慧资源。

　　从诞生历史看，大观念课程与教学是20世纪60年代以后的产物。布鲁纳（J. Bruner）和施瓦布（J. Schwab）所引领的"学科结构运动"为大观念课程与教学奠定了思想基础。所谓"学科结构"，即一门学科的基本概念、基本原理及相应的探究方法和态度。与学科结构相适应的学习方式是"发现学习"或"探究学习"。今日大观念课程与教学直接继承了这些观点并做出了发展。在"学科结构运动"的历史背景下，美国课程理论家塔巴（H. Taba）于1962年出

---

① WHITEHEAD A. The Aims of Education and Other Essays[M]. New York: The Free Press,1929:84.

② KANT I. Lectures on Logic[M]. Cambridge, UK: Cambridge University Press,1992:589.

③ KANT I. Critique of Pure Reason[M]. Indianapolis: Hackett, 1996: 106-107.

版《课程开发：理论与实践》（*Curriculum Development: Theory and Practice*）一书，她在该书中将课程内容区分为四个水平，即"具体事实与过程"（specific facts and processes）、"基本观念"（basic ideas）、"概念"（concepts）、"思想体系"（thought systems）。塔巴指出，掌握具体事实与过程的好处是相当有限的，"这类知识可描述为是静态的，是'死胡同'。掌握它们不会产生新观念，不会将思想引向前方"[1]。只有"基本观念"、"概念"和"思想体系"能够在具体事实之间建立联系，为学习者的"洞见和理解"提供情境。[2]一般认为，大观念课程与教学起源于塔巴的《课程开发：理论与实践》一书。深受塔巴著作和研究工作的影响，美国当代教育家埃里克森（H. L. Erickson）于1995年在《激荡头脑、心灵与灵魂》（*Stirring the Head, Heart and Soul*）一书中，第一次创造了"概念本位课程与教学"（concept–based curriculum and instruction）这一术语，创立了大观念课程与教学最具代表性的范式。[3]

　　"概念本位课程与教学"模式的核心内容包括四个方面：（1）概念视角（conceptual lens）：提取与主题内容相适切的核心概念，作为探究主题内容的心智工具或结构；（2）协同思维（synergistic thinking）：运用概念视角理解学科事实，运用学科事实支持、验证概念性理解，使概念与事实协同发展，这里的"协同思维"与"批判性思维"具有同质性；（3）归纳教学（inductive teaching）：学习者在小组合作与教师指导下自己获得概念性理解，用"再发明"知识的方式学习知识；（4）引导问题（guiding questions）：运用"事实性问题""概念性问题"和更加开放的"争议性问题"引导学习者的系列探究活动，让教学成为问题的探究过程。[4]埃里克森的教学模式是大观念课程与教学

---

① TABA H. Curriculum Development: Theory and Practice[M]. New York: Harcourt, Brace & World, Inc,1962: 175.

② 同①: 177.

③ ERICKSON H L. Stirring the Head, Heart and Soul: Redefining Curriculum, Instruction, and Concept-Based Learning[M]. 3rd ed. Thousand Oaks, CA: Corwin.

④ ERICKSON H L, LANNING L A. Transitioning to Concept-Based Curriculum and Instruction: How to Bring Content and Process Together[M]. Thousand Oaks, CA: Corwin, 2014: 95-103.

的主要模式之一，目前已被广泛采用。除埃里克森模式以外，其他的大观念课程与教学模式还包括："设计性理解"模式（understanding by design model），统整课程模式（integrated curriculum model），组织图模式（graphic organizer model），科学技术社会取向（STA approach），5E教学模式（5E teaching model），等等。日益增多的模式充分说明：大观念课程与教学正在成为国际课程与教学理论和实践的重要发展方向。我国倡导大观念课程与教学顺应了国际课程改革的趋势。

　　幼儿园大观念课程的本质是幼儿精彩观念的持续产生与发展。在20世纪，皮亚杰是儿童观念研究的开创者和集大成者。他的主要贡献不在于他提出了人的认知发展的四个阶段，并借助数理逻辑来揭示每一阶段的特点，而在于他创造了一种独特的人性化的方法，对人的心灵进行了独创性研究，由此推进了对人类心灵的理解。皮亚杰熔意识心理学、精神分析理论、医学于一炉，加上他对儿童心理的独特理解，创造出了"临床访谈法"（clinical interviewing）。该方法的本质是在自然情境中或通过创设自然情境让儿童自己说出（或做出）观念的本质与特点。这是一种让"观念"自己说出自己的人性化的方法，而不是靠外力来解剖观念的破坏性的方法。皮亚杰的"临床研究"统治了20世纪的认知心理学领域。[1]尊重儿童的前提是理解儿童，理解儿童的核心是理解儿童的思想。皮亚杰的一系列开创性研究，如"守恒问题""可逆性问题""传递性问题"等，揭示了儿童观念的力量，展现了儿童心灵世界的奇妙。这项工作是如此引人入胜，以至于令爱因斯坦惊叹不已，他对皮亚杰说："这比物理学更复杂。"[2]皮亚杰的"临床访谈法"往往是一个成人对一个儿童进行一次"访谈"，然后得出结论。这难免具有局限性，距离真实教育情境较远。皮亚杰的弟子和同事英海尔德（B. Inhelder）则主张创设更复杂的问题情境，让一

---

① 达克沃斯."多多益善"：倾听学习者解释[M]. 张华，仲建维，宋时春，译. 北京：高等教育出版社：2004.

② 皮亚杰. 皮亚杰教育论著选[M]. 卢濬，选译. 北京：人民教育出版社，1990：257.

个成人面对一群儿童，儿童彼此间合作解决问题，成人对儿童进行恰当指导，在此过程中，成人对儿童进行多次访谈。[①]这样，成人对儿童的访谈和研究的过程就极为接近教育过程。英海尔德将这种方法称为"批判性探究"（critical exploration），晚年的皮亚杰采用了这一方法。

在皮亚杰和英海尔德对儿童观念的开创性研究的基础之上，哈佛大学教授达克沃斯（E. Duckworth）将"临床访谈法"和"批判性探究"发展为一种将课程开发、课堂教学和儿童研究融为一炉、三位一体的教育观和方法论。她谦逊地把自己的方法称为"拓展性临床访谈法"（extended clinical interviewing）。这种方法的本质是"去倾听学习者，并让我们的学习者告诉我们他们的思想"[②]。她认为每一个人所持有的观念是其智力的核心："我把智力发展的本质理解为精彩观念（wonderful ideas）的诞生，而这一点在压倒的程度上依赖于拥有精彩观念的机会。"[③]课程与教学必须建基于每一个儿童的独特性，而儿童的独特性集中体现在观念的独特性，教育的目的或价值就是帮助儿童在原有观念的基础上产生新的、更精彩的观念。

纵观达克沃斯的全部研究，其一以贯之的主题是：帮助儿童产生、遵循和发展自己的观念。基于这种理念，达克沃斯不再把教学理解为教师讲解、儿童倾听的过程，恰恰相反，教学是儿童讲解、教师倾听的过程。这种教学就是为儿童提供诞生精彩观念的机会。这意味着：第一，教师愿意接受儿童的观念，即使儿童的观念是"错误的"，教师首先关切的是"他为什么这样想"，而不是基于教师自己的立场或教科书的标准而漠视、排斥或谴责儿童。第二，教师要创设暗示着精彩观念的情境。要意识到不同的儿童有不同的观念。当情境创设出来的时候，儿童"会为理智问题所吸引。这些问题对他们而言是真实

---

① 英海尔德也是布鲁纳1959年发动"学科结构运动"时在美国波士顿组织召开的"伍兹霍尔会议"（The Woods Hole Conference）34位成员之一。

② 达克沃斯. "多多益善"：倾听学习者解释[M]. 张华，仲建维，宋时春，译. 北京：高等教育出版社，2004：165.

③ DUCKWORTH E. "The Having of Wonderful Ideas" and Other Essays on Teaching and Learning[M]. New York: Teachers College Press, Columbia University, 1996: 13.

的"①。第三，在情境中，当儿童为理智问题所吸引的时候，要通过会话（教师与儿童的会话、儿童彼此间的会话）让儿童日益深入地"投入现象"。所谓"投入现象"，即与所学习的主题直接接触，而不是通过别人对该主题的观点来产生间接接触。第四，在儿童日益深入地"投入现象"时，倾听学习者的解释。因为"大多数学习都发生在阐释之中"，教师为什么要垄断明晰观点的机会呢？而且，当儿童解释的时候，不仅解释来自他们自己，连问题也来自他们自己。儿童开始学会依靠他们自己：他们是裁判，自己来判断所认知和相信的事物。在这个过程中，儿童相互之间会学会许多东西。慢慢地，儿童会意识到，噢，原来知识是人主动建构出来的，包括"我的建构"。②

由此观之，今日倡导幼儿园大观念课程不仅体现了日新月异、急剧变革、富有高度创造性的数字时代每一个幼儿的发展需要，而且继承了百年来儿童研究与儿童教育的历史成就。

幼儿园大观念课程的基本形态是"超学科"课程。所谓"超学科"（transdisciplinary）课程，即植根幼儿发展特点和需要，选择对幼儿有意义的生活主题，引导幼儿进行横向整合、纵向一贯的生活探究，幼儿在完成探究任务的过程中运用学科领域的知识、技能和观念，形成幼儿观念物化的"产品"，发展幼儿概念性理解及核心素养。走向"超学科"课程，让幼儿进行"超学科"探究，是幼儿核心素养发展的内在需要。

三 为什么倡导幼儿园大观念课程？

我国2001年新课程改革确立了知识与技能、过程与方法、情感态度与价值观"三维目标"，这对超越传统"双基"目标、重建课程与教学具有里程

---

① DUCKWORTH E. "The Having of Wonderful Ideas" and Other Essays on Teaching and Learning[M]. New York: Teachers College Press, Columbia University, 1996: 7.

② 同①: 158-159.

碑式意义。从20年的课程改革实践看，"三维目标"观为我国素质教育实践做出了重要贡献，创造了一大批先进课程改革经验。然而不容否认的是，"三维目标"在实践中既存在彼此机械割裂的现象，又存在"形式化""标签化"的现象。许多地方和学校，以"三维目标"之名行传统"双基"之实，导致形形色色的"虚假探究""虚假对话""虚假合作"，影响教育改革的深化与发展。

"三维目标"的主要问题是：知识与技能的静态化、过程与方法的形式化、情感态度与价值观的灌输化。导致这些问题的现实根源是"应试教育"的观念和体制，哲学根源是"事实本位认识论"。当"知识"被设置为静态事实、"技能"被当成固定规范，无论"过程与方法"如何花样翻新，其实质都是传递与训练，"自主、合作、探究"也就变成了"作假"和"做戏"，"情感态度与价值观"则沦为自外而内的灌输、规训与"洗脑"。凡此种种的观念与实践，又反过来强化了"应试教育"。

从"三维目标"到核心素养是我国当前课程改革的主旋律。这意味着既要根本改变"应试教育"价值观，又要彻底超越"事实本位"认识论，还要改变"讲授主义"方法论。核心素养不仅仅是课程目标，而且表征数字时代的教育价值观与课程理念。首先，核心素养表征21世纪新型教育民主与人文主义教育价值观。这是建立在信息技术和数字交往基础上的教育民主，个人与个人、个人与群体、个人与文化、群体与群体、文化与文化之间的共享利益充分增加、互动更为自由，"共同体的组织与生活"成为每一个人的内在需要。教育成为以数字交往为基础的"协作式实验"。同时，对人的尊严和个性差异的充分尊重成为教育的"首要善"。正如《反思教育：向"全球共同利益"的理念转变》一书里写道："维护和增强个人在其他人和自然面前的尊严、能力和福祉，应是21世纪教育的根本宗旨。"①其次，核心素养表征理解本位教育认识论。核心

---

① 联合国教科文组织. 反思教育：向"全球共同利益"的理念转变[M]. 北京：教育科学出版社，2017: 28.

素养是在真实情境中解决复杂问题的能力与品德，由于问题情境是不确定的，用于解决问题的知识也必须是不确定的、可应用的。知识的本质不再是确定无疑的"客观真理"，而是指导理智行动的有力观念。这样，知识就变成了"理解"（understanding）。杜威曾说，理解是"理智行动的源泉"，"理解必须依据事物如何运作和如何做事而界定。理解，就其本性而言，与行动相联系；信息，就其本性而言，与行动相分离或仅仅偶然零散地与行动相关联"。[①] 只有当知识变成"动词"，表征"事物如何运作"与"人如何做事"，它才指向核心素养。最后，核心素养表征实践取向教育方法论。信息可以传播，但理解无法传递，每一个人必须像"亲自吃饭"一样亲身经历实践过程，方能获得相应的理解。因此，理解本位认识论必然要求实践取向方法论。创设真实情境，让儿童从事真实实践，亲身经历知识的诞生与使用过程，是发展核心素养的方法论原则。"真实情境"主要包括两类：一类是儿童置身其中的真实生活情境；一类是与儿童的心理经验和发展水平相适应的、类似学科专家工作环境的"准专业情境"。通过真实生活情境，儿童可以从事"做中学"和"用中学"，真切体验知识的意义；通过"准专业情境"，儿童可以从事"创中学"，学会像专家一样去思考，用"再发明"知识的方式去学习知识，以进行深度学习，获致深刻理解。

由此观之，将"三维目标"融合起来，植根真实情境、经历真实实践、解决复杂问题的高级能力与人性能力，即为"核心素养"。具有确定性和事实性的"知识与技能"本身不能普遍迁移，因其适用范围局限在特定时空和文化场域之中。能够解决复杂问题、应对不可预测情境的只能是强而有力的学科观念、理解或思维，它不仅是现有"知识与技能"产生的原因，而且还通过解决新问题、应对新情境而不断创造新的学科事实。因此，核心素养与"三维目标"的根本区别是增加了课程目标的理解维度，并由此实现了课程目标的整体

---

① DEWEY J. The Challenge of Democracy to Education[M]//John Dewey: The Later Works, 1925-1953. Vol. 11. Carbondale, IL: Southern Illinois University Press, 1987: 183-184.

变革：由静态化的"三维目标"发展为动态性的"新三维目标"——大观念、新能力、新知识。

所谓"大观念"，即一门课程中少而重要、强而有力、可普遍迁移的"概念性理解"。它一般由两部分构成：一是形成一门课程逻辑体系的核心概念；二是由核心概念之间的关系所形成的命题、原理或理论。[①]大观念是分析问题的视角、解决问题的假设和连接事实的纽带。所谓"新能力"，即将一门课程的大观念及相应知识技能用于真实情境、完成真实任务、从事真实实践的做事的能力与品格。儿童在表现核心素养中发展核心素养。对核心素养的发展而言，一次的真实实践胜过一百次的记忆训练，做一件事胜过做百道题。所谓"新知识"，即与大观念建立内在联系并得到应用的关键学科事实或知识技能。学科事实既为大观念是否合理提供客观依据，又能展现大观念的创造力量。脱离事实的大观念必然空洞，流于虚妄。大观念为学科事实赋予生命力量、指引发展方向。脱离大观念的学科事实必成"惰性知识"，沦为心灵的僵尸或朽木。[②]因此，核心素养非但不忽视知识与技能，反而为知识与技能的掌握提出了更高要求。

大观念、新能力、新知识是一个有机整体：大观念表征理智精神与原则，新能力表征理智行动，新知识提供事实基础，三者缺一不可。

由此观之，走向大观念课程与教学，是发展儿童核心素养的必要条件，是数字时代课程与教学体系的核心内容，是我国课程与教学改革的发展方向。

长期以来，我国学前教育存在两大根本问题，即"浪漫化"倾向与"训练化"倾向。所谓"浪漫化"倾向，即认为儿童的一切都是有发展价值的，儿童的当前经验都是理想的，我们只需要"尊重儿童"、跟随儿童的"自发性"发展就够了，不需要为儿童系统设计课程，不要让幼儿学习学科，由此走向多愁

---

① ERICKSON H L, LANNING L A. Transitioning to Concept-Based Curriculum and Instruction: How to Bring Content and Process Together[M]. Thousand Oaks, CA: Corwin, 2014: 24-27.

② WHITEHEAD A. The Aims of Education and Other Essays[M]. New York: The Free Press, 1929: 1-2.

善感的"浪漫主义"。尊重儿童的内在价值和人格尊严是正确的，体现了18世纪启蒙运动以后、20世纪民主化运动以来倡导儿童解放的历史发展趋势。但儿童"浪漫主义"在情感上将"尊重儿童"和"放纵儿童"混为一谈，由此把儿童当作成人情感宣泄的对象，放弃了成人的教育责任；在理智上忽视了儿童是一种观念存在和文化存在，古往今来人类共同积累的文化知识体系经过"改头换面"或"心理化"后，可以成为儿童发展的最好资源。任何年龄阶段的任何儿童都是一种观念存在，每一个儿童的精彩观念都只能在文化环境的浸润中产生，恰如种子发芽和生长离不开肥沃土壤和阳光雨露。

所谓"训练化"倾向，即认为儿童不仅经验匮乏，而且儿童的有限经验是低级的、无发展价值的，儿童教育的根本任务是用分门别类的学科知识和技能填充儿童心灵、替代儿童的生活经验。由于儿童天然排斥现成学科知识和技能，因此，儿童教育的有效方式是以奖励作诱因、以惩罚作威胁，通过训练方式让儿童掌握知识与技能。重视学科知识和技能对儿童的发展价值是正确的，但儿童"训练主义"用学科代替儿童经验，走向"学科中心论"，漠视儿童尊严和儿童经验的价值，最终导致儿童"专制主义"。

超越儿童"浪漫主义"和"训练主义"，倡导幼儿深度学习，发展幼儿核心素养，是我国学前教育改革的基本方向。学前教育改革的具体内容至少包括以下方面：一是基于核心素养理念重建学前教育观。这意味着基于幼儿高级思维能力和创造性人格发展的需要重建学前教育的存在论、价值论、认识论与方法论，让创造成为幼儿的学习方式与生活方式。二是将发展幼儿核心素养作为学前教育的根本目标。幼儿是理性的观念存在，发展幼儿核心素养是每一个幼儿的内在需要。三是建构幼儿园大观念课程体系。尽管幼儿园课程的基本形态是"超学科"课程或生活体验课程，但只有基于设计思维、经过精心设计的幼儿学习经验，才称其为"课程"。指向幼儿核心素养发展的课程是大观念课程，它超越具体事实或知识技能，将"超学科概念"和学科领域概念置于课程内容核心，并以发展幼儿可迁移和营养的"概念性理解"为课程目标。四是建构幼儿深度学习体系。这意味着将幼儿学习变成在教师或其他成人指导下、以"学习共同体"的方式持续完成的探究任务，让幼儿在"完整做事"中实现"观念物化"，诞生精彩观念。五是建构幼儿表现性评价体系。与核心素养理念和目标相适应的教育评价是"表现性评价"，即由"表现性任务"和评价量规构成的质性评价，它以幼儿核心素养的行为表现为基础，让幼儿在表现素养中发展素养，将课程、教学与评价化为一体。

设计与实施幼儿园大观念课程体系是重建学前教育的中心与关键。

四 怎样设计和实施幼儿园大观念课程？

教师怎样设计和实施幼儿园大观念课程？这包括不可或缺的下列要素。

第一，提出生成性主题。将普遍的课程内容与幼儿的具体生活情境相结合，形成对幼儿有意义的开放性、生成性探究主题。主题充分体现学科知识、幼儿经验与生活情境的"三位一体"。主题确定遵循"少而重要"的原则，选择一门课程中最典型、最有代表性且幼儿感兴趣的内容，凝练成主题，构成一个单元的名称。教师须根据《3—6岁儿童学习与发展指南》的要求、幼儿的发展需要、幼儿的社会生活情境确定单元主题。主题内容要体现深刻性与进阶性，每个主题的探究要持续足够长的时间，如加德纳所言，"如果它值得学习，它就值得深入学习，经历足够长的时段，运用各种范例和分析方式"[①]。同时，不同单元之间要纵向一贯，体现发展性，螺旋式上升，大观念课程本质上是"螺旋式课程"。主题内容还要体现丰富性与整合性，使领域内容与真实的社会问题、自然问题和人生问题建立内在联系，使领域知识得到应用。

第二，确立"新三维目标"。单元主题确定以后，教师首先要围绕主题内容提取核心概念。"概念"（concepts）是以学科专家为主体提出的理解世界的

---

① GARDNER H. Five Minds for the Future[M]. Boston, MA: Harvard Business Press, 2008: 32-33.

专业视角。它们是"学科思维"或"专家思维"的集中体现。思维即通过概念而认识。无概念则无思维、无理解。"学科思维"即运用学科概念认识世界。学科理解之所以不同于日常经验，正是由于学科概念所提供的独特视角。因此，提取核心概念并一以贯之运用概念视角，是培养核心素养的关键，也是对教师的最大挑战。概念作为思维的一种独立创造，它不能在日常感知经验中归纳得到，不能通过概括事物的共同特点而获取，只能围绕主题内容明确而独立地提出。概念具有抽象性、普遍性、可迁移性，以词汇或短语的形式呈现，如"形式""变化""力""美感"等。不同概念之间建立联系，就形成可迁移的理解，由此形成大观念，如"事物的形式是变化的""力量能够产生美感"。将核心概念和大观念运用于真实情境，由此形成做事的能力与品格，即构成新能力。与大观念和新能力形成有机联系的学科事实或知识技能即构成新知识。

　　第三，设计表现性任务。核心素养理念既纠正传统行为主义者将"素养"（competences）与"表现"（performances）混为一体的错误，又避免某些认知主义者将"素养"局限在头脑"黑箱"的神秘主义倾向。它首先借鉴当代"构成主义"（constructionism）的洞见：只有将头脑中的观念表现、"外化"为"公共实体"（a public entity）时，才能促进观念发展。[①]只有通过设计"表现性任务"（performance tasks），让幼儿能够在真实情境中表现其"概念性理解"时，才能促进核心素养发展。"表现性评价"也因而成为评价核心素养的基本方式和主要方式。它其次借鉴当代"设计思维"（design thinking）的研究洞见——"以终为始"：在行动开始之前借助信息技术等工具对行动结果在头脑中进行"沙盘推演"式创造，然后以心灵中的结果形象为参照在具体行动中真正创造出所期待的产品，这两个过程可大致概括为"以终为始脑中想，以行为知动手创"，俗称"二次创造"。这在课程与教学方面的表现是：目标即评价。确

---

① PAPERT S. Situating constructionism[M]//HAREL I, PAPERT S. Constructionism. Hillsdale, NJ: Lawrence Erlbaum Associates, 1991: 1-14.

定课程目标之后，接着设计与目标相适应的评价证据。美国教育家威金斯（G. Wiggins）和麦克泰（J. McTighe）将这种教学设计概括为"逆向设计"（backward design）——先设计评价证据，再计划学习活动。[①]这种取向被认为是指向核心素养与深度学习的教学设计可供选择的思路之一。

教师确定"新三维目标"之后，需要将单元主题内容与课程目标要求结合起来，回到真实情境，让幼儿选择某种角色、面对某类受众、基于成功标准、完成某件作品，以展示其核心素养的发展水平。这就是评价幼儿核心素养或"概念性理解"的"表现性任务"。该任务是幼儿完成一个单元主题之后的累积性任务，表征幼儿核心素养的单元或阶段发展水平。"表现性任务"设计完之后，可根据"新三维目标"要求，为任务的完成情况制订评价标准或量规，以对幼儿在单元学习结束后进行"表现性评价"。

第四，设计系列探究任务。核心素养通过完成由浅入深、范围逐步扩大的探究任务来培育。探究任务即幼儿将知识、技能与观念运用于现实世界和真实情境，通过解决问题而形成的作品或表现过程，它们体现了幼儿核心素养的发展水平。探究任务为幼儿的学习提供激励情境，角色、受众与作品或表现过程是其最核心的要素。从"新三维目标"引出"本质问题"（essential questions）和探究线索，以"表现性任务"为参照确立核心素养发展过程中的具体表现和具体评价量规，两方面结合起来，形成持续数周、螺旋上升的系列探究任务。每一个探究任务具有整体性，需要将单元的大观念细化为探究任务的"子观念"，并规划理解大观念的具体行为表现。不同探究任务之间、不同单元之间是累积性、生长性关系，而非整体与部分的关系。通过一个个探究任务、一个个探究单元、一门门课程的累积与生长，各门课程核心素养不仅自身在生长，而且彼此间相互促进、相互融合、相得益彰，共同长成每一个幼儿的健全人格——负责任的创造者。

---

① WIGGINS G, MCTIGHE J. Understanding by Design[M]. Expanded 2nd Edition. Alexandria, VA: ASCD, 2005: 13-34.

第五，建立学习共同体组织。核心素养理念要求学习组织创新。要将传统班级授课制转变为学习共同体。核心素养包括相互联系的"认知领域"与"非认知领域"两大类，它要求将学习变成"协作式问题解决"，因此，建立学习共同体就成为培养核心素养的前提和必要条件。这要求遵循"组内异质、组间均衡、灵活编组"的原则，形成小组学习共同体，由不同小组共同组成班级学习共同体，由不同班级构成幼儿园学习共同体。班级文化和幼儿园文化的本质即"共同体的组织与生活"。

第六，创造新学习环境。核心素养理念要求学习环境创新。首先，时间上由固定课时制转变为弹性课时制。探究需要时间。为了让幼儿从容不迫地完成探究任务，需要根据活动目标和内容的要求安排时间，打破"垒砖块"似的课时安排。其次，空间上突破教室固定空间限制，让世界成为"课堂"。要改变教室的物质和精神环境，使之更适合幼儿探究活动的开展，让教室成为幼儿思想的实验室。要充分利用学校图书馆、阅览室、实验室、功能教室等，开展探究活动。要挖掘各类社区环境资源，如博物馆和纪念馆等场馆设施、科研机构和高等院校、企业研发部门、各类自然资源等，为幼儿的探究活动创造丰富的条件。最后，要为幼儿的探究活动创造丰富多彩的工具条件。人是使用和制造工具的存在，探究需要工具支持。要善于选择、开发和利用各类思维工具，如组织图、概念图、思维可视化工具等。要善于运用信息技术工具和互联网工具，为幼儿的探究活动创造符合数字时代要求的先进条件。

生成性主题、"新三维目标"、表现性任务、系列探究任务、学习共同体组织、新学习环境构成指向课程核心素养的新课程与新教学的关键要素，也因而是幼儿园大观念课程的关键要素。如果教师能够基于幼儿的个性化发展需求和自身的专业特长及风格，创造性地使用这些要素，就能创生出丰富多彩的大观念课程模式，实现教师与幼儿创造性人格的协同发展。

让我们一起开启幼儿园大观念课程与教学的美好旅程！

第二章

幼儿园大观念教学设计架构

核心素养概念的提出，意味着我国整个课程和教学体系将从课程目标、课程内容到教学方式、学习方式和评价方式进行整体变革，意味着教师将以数字时代的儿童观重新构建课程与教学。幼儿园大观念课程积极回应了国家课程改革的核心诉求，立足培养幼儿的核心素养，在继承我国课程建设的成功经验的同时，借鉴了国际先进的教育教学经验，经过数年的实践探索，推出了体现国家课程改革理念和一线教师教学智慧的大观念课程体系。

第一章从理论和课程史的角度对大观念课程与教学是什么、为什么做了详细阐释，本章将从怎么做的角度，对如何设计大观念教学、如何提炼和生成大观念、如何基于大观念设计大任务和评估体系、如何设计学习实践等，一一进行解构，帮助一线教师更好地架构以核心素养为导向的大观念教学。

一 大观念教学概述

幼儿时期（3—6岁）是大脑发育的重要时期，幼儿在身体、认知、关系和情感等各个领域成长迅速，其经历和关系的质量直接影响到发展中的大脑结构。大观念学习是幼儿基于自己的生活经验和与世界的互动来建构理解的过程。

大观念教学倡导探究式学习。我们认为，幼儿是自己学习的主导者，在提问和探寻中形成自己对周围世界的看法。探究式学习反映了幼儿的学习方式，即通过提问和超越学科的好奇心来探索生活主题。主题的探索主要通过游戏和自发的活动展开。如何才能使游戏指向有意义的学习？如何平衡既定教学计划与幼儿自发活动之间的关系？如何走出在幼儿阶段完成表现性任务所遭遇的困境（如难以形成产品）？我们结合上海青浦区世外幼儿园的大观念课程实践来回应这些具体问题。

（一）大观念教学的构成要素

八大培养目标、六大超学科主题、八大超学科概念、三大探究能力、探究六循环和大任务评估是构成大观念教学的六大要素。（见图2-1）

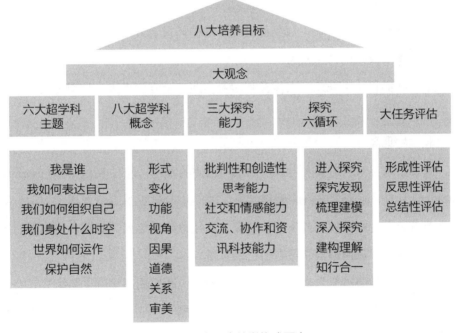

图2-1　大观念教学构成要素

大观念教学是"新三维目标"合一的教学。对人的培养是教学的核心。

我们在研究了中国学生发展核心素养以及国内外相关的素养能力培养体系之后，依据"三有"（有理想、有本领、有担当）育人目标，提炼出具体的八大培养目标（见附录4），以此作为课程设计的起点，也是课程育人的终点。

大观念的建构基于幼儿的生活情境，幼儿的生活本身是超越学科界限的。我们创设了六个反映当地和全球情境的超学科主题，并按照"人与自我""人与社会""人与自然"三大维度来进行划分和组织课程，使幼儿的主题探究既根植于自我，又富有意义和乐趣。八大超学科概念从形式、变化、功能、视角、因果、道德、关系、审美八个视角为超学科主题探究提供了进一步聚焦的透镜，也为结构化统整五大领域的知识和技能提供了依据。做什么样的事，怎样做事，决定了建构怎样的理解，形成怎样的品格。基于建构主义的认知逻辑，大观念教学把八大培养目标转化为做事的能力和品格（即三大探究能力）。三大探究能力以行为细则的形式，给教学设计提供支架，使幼儿的自发活动和游戏具备探究特征。探究遵循理解的循环式上升轨迹，探究六循环为教学设计提供了成熟的课堂模型。

下面我们将从大观念、大任务和学习实践三个方面来进一步阐述大概念教学六要素。

1. 大观念

大观念来自专家对真实世界所蕴藏的规律的发现，是对本质问题（essential questions）的回应，是学科或超越学科反映的重要思想观点。大观念教学，即让学习者亲历专家"发现或发明"之路，运用概念思维展开对真实情境中的复杂问题的探究，从而形成学习者自己的理解。

大观念教学通过概念来使学习内容结构化。我们用超学科主题统整五大领域，用超学科概念统整领域知识，用超学科技能——三大探究能力来统整领域技能。以六大超学科主题为基点创设的探究情境，指向人类的共性经验，指向人类永恒的追问，旨在让教学情境兼具有生活与学习的意义。

这六大超学科主题将与超学科概念一起被不同学科领域，从不同的学科视角，在每一个年龄段进行均衡的、持续的探究。每一个单元我们将聚焦其中一个主题创设大观念探究的情境。

2．大任务

大任务是大观念的表现，是具体的、可见的学习结果，如制作或开发一个产品、创作一件作品、用口头或书面报告的形式解释一个现象、提交一份解决问题的方案等。

大任务的完成通过引导性问题来驱动，幼儿理解的形成也通过引导性问题来梳理；在对任务的完成过程中，在对成果的交流和展示中，幼儿表现出对大观念的理解。大任务同大观念一样诞生于超学科主题铺设的探究情境，同时，由于大任务来自真实的生活情境，其成果也体现了知识服务于自我、服务于他人和世界的力量。

大任务的评估，基于学科核心素养和超越学科的核心素养来建立成功标准。成功标准紧紧围绕学科领域的知识、学科领域或超越学科领域的概念性理解和幼儿的超学科探究能力来建立。

3．学习实践

学习实践，即完成大任务、建构大观念的过程，是在评估标准引领下目标明确、设计严谨的探究活动。

探究活动的目标是明确的。学习者被概念性思维引领，以达成概念性理解为目标，在任务情境中，从事专业或准专业的思考、研究和学术交流，由此发展批判性和创造性思考能力以及交流、协作和资讯科技能力，并在同伴协作和完成计划的过程中，培养社交和情感能力。这三大探究能力超越了学科的界限，指向了对学习者终身有益的能力与品格的培养。但是，当它具体化到对学科领域探究活动进行描述时，又具备了学科思维的特征，成为指引学科探究活动的路径。

这里需要强调的是，大观念理解的建构不是单线条的知识、技能的叠加累积，探究活动是在探索概念与概念之间关系的关联层面展开的，一个个活动遵循由简单到复杂、循环往复、螺旋上升的原则来建构理解。为此，在众多的课堂探究模式中，我们选择国际上广泛采用的凯西·默多克（K. Murdoch）的探究六循环来组织学习。

（二）大观念教学设计的三阶段

追求概念性理解的大观念教学设计分为三个阶段：目标与评估、学习体验、教学反思。整个大观念教学设计的框架见表2-1。

表2-1　追求概念性理解的大观念教学设计

单元主题			
阶段一：目标与评估			
超学科主题：	超学科概念：	领域概念：	
基本问题：			
大观念：			
幼儿将知道的知识（K）：	幼儿将发生的概念性理解（U）：	幼儿将具备的能力（D）：	幼儿将成为（　　　）的人
探究线索：	引导性问题：		幼儿的问题（学习过程中收集整理）：
评估标准：	总结性评估： 形成性评估： 元认知（反思性）评估： 其他评估证据：		总结性评估与大观念的关系：
阶段二：学习体验			
探究六循环	学习目标	学习活动	评估证据
进入探究	概念性理解： 探究能力：	引导性问题（幼儿的问题）： 子任务： 学习活动： 教学策略：	
探究发现	概念性理解： 探究能力：	引导性问题（幼儿的问题）： 子任务： 学习活动： 教学策略：	
梳理建模	概念性理解： 探究能力：	引导性问题（幼儿的问题）： 子任务： 学习活动： 教学策略：	
深入探究	概念性理解： 探究能力：	引导性问题（幼儿的问题）： 子任务： 学习活动： 教学策略：	

单元主题			
阶段二：学习体验			
建构理解	概念性理解： 探究能力：	引导性问题（幼儿的问题）： 子任务： 学习活动： 教学策略：	
知行合一	概念性理解： 探究能力：	引导性问题（幼儿的问题）： 子任务： 学习活动： 教学策略：	
阶段三：教学反思			
教前反思 1. 基于教学目标的反思 2. 基于学情的反思			
中期反思 针对幼儿的兴趣与疑问，我们如何回应以支持幼儿的自主探究（差异化教学）？			
教后反思 1. 我们的教学策略在多大程度上帮助了幼儿的理解？ 2. 哪些主要证据证明幼儿发展了对知识、概念、能力（KUD）的理解？			

1．阶段一：目标与评估——大观念的生成与评估

大观念教学遵循的是逆向设计的原理，大观念生成的同时，大任务和评估标准随即产生。因此，目标与评估属于同一设计阶段。

大观念是一个单元学习后幼儿所形成的最本质的理解，幼儿可将此理解自由迁移、应用于新情境之中。"幼儿将知道的知识（Knowledge，简称K）""幼儿将具备的能力（Doing，简称D）"是对学习内容、学习过程和方法的梳理。"幼儿将发生的概念性理解（Understanding，简称U）"，即"大观念"，是对概念之间关系的陈述。不同的单元侧重培养不同的探究能力，能力的培养直接指向人的培养，即八大培养目标。

由八大培养目标、六大超学科主题、八大超学科概念、学科领域概念、三大探究能力和一套评估体系构建起的大观念课程，将被学习者在整个幼儿园阶段均衡、持续、螺旋式深入地探究。

"引导性问题"是单元教学的纲要，由教师在备课时根据本单元概念性理解的要求提出，用来激发幼儿开展探究，并帮助幼儿梳理思想，形成理解。"幼儿的问题"是指幼儿在本单元学习中产生的问题，其将在学习过程中被持续收集，是幼儿全身心投入探究的内在驱动力。基于超学科概念产生的"探究线索"用于统整幼儿的问题，界定本单元的探究范围。而大任务是大观念的表现，大任务的设计与评估需要根据理解"六侧面"（详见附录5）和评估标准来核查。

大观念教学是基于证据的教学，需要从大任务完成的过程中收集学习者理解的证据。总结性评估、形成性评估和元认知（反思性）评估这三种评估方式既保证了学习证据收集的全面性，也体现了基于反思的深度学习。

因此，阶段一的"目标即评估"充分体现了"教"和"评"的一体化。

2. 阶段二：学习体验——大观念的实施

横向看大观念教学设计模板第二部分，"学习目标—学习活动—评估证据"呈先后顺序排列。首先，师幼要明确本单元的学习目标，即不同探究阶段幼儿要达成的概念性理解是什么，要形成什么样的学习能力；其次，根据学习目标以及大任务拟订单元探究计划，一步步展开学习活动，所有的活动都指向概念性理解，而理解需要证据来呈现，故三栏的排列体现了"教—学—评"一体化的教学理念。

大任务是概念性理解的表征，探究方法是完成大任务的必备工具，我们把大任务拆分成子任务，逐一完成，步步进阶；思维可视化、小组协作式等教学策略保证了差异化教学的实施；以幼儿为主体的自主探究解放了教师，大多数课堂时间，教师成为学习活动的引导者、观察者和记录者，通过谈话、观察和聆听等方式，收集幼儿理解的证据，用以调整下一步的教学。

纵向看大观念教学设计模板第二部分，探究六循环体现了概念建构的认知过程，"循环"是概念性理解建构的过程。在"进入探究"环节，我们对幼儿已有的概念性理解进行前测；在前测基础上，新的事实在"探究发现"环节介入，不断冲击幼儿已有的理解；在"梳理建模"环节，通过引导性问题帮助幼儿整理事实，形成新的理解，事实—概念—事实—概念……，循环往复的协同思考把理解推向深入；通过"深入探究"，将对事实的概念性理解迁移至新的情境；通过"建构理解"环节的反思，建立个人对大观念的真正理解；最后在"知行合一"环节，幼儿通过展演，展示理解。实际上，在整个学习过程中，幼儿的一言一行、子任务和大任务的完成……，都在以行动表现理解，践行"知行合一"的教育理念。这六个步骤以"循环"命名，强调的是：这不是单向线性的过程，而是可逆的、循环往复地建构理解的过程。

3．阶段三：教学反思

教学反思贯穿教学设计与实施的全阶段。教学一旦展开，原有的单元计划就应根据学情进行动态调整。因而，单元计划也是教师和幼儿在教学进程中共同完成的一份学习记录。

教案模板中，我们只展示三次教师的反思记录：教前反思、中期反思和教后反思。之所以把教学反思单独列为一个阶段，是为了突出大观念教学的核心是基于学情的教学——一切为了幼儿的"学"。

当教学不再以教授课本知识为目的时，教学目标的设定与达成，尤其是对学情的研究，就成为教师关注的重点。因此，三次教学反思中，五个反思引导题，其中四个指向了对学情的关注。当幼儿展示出个体的疑问和兴趣时，教师需要调整计划，以支持幼儿的自主探究，只有这样，差异化教学（因材施教）才会真正地落实。

所以，大观念教学的单元计划，是根据学情不断调整、动态生成的一份学案。

二　大观念教学设计

（一）大观念的生成

大观念是对现实世界的专业化理解，集中体现专家思维的特点。专家基于人类社会所要解决的真实问题，不断地提出、更新或摒弃各种理论、概念、研究方法和学科语言，加深人们对世界的理解。而大观念教学实际上是让幼儿亲历知识被创造、被运用的过程，参与到人类文明的创造进程中，解决真实世界的复杂问题。那么，人类面临哪些问题？有没有一个意义体系可以在各个学科领域之间建立联系，并将各个学科领域整合起来，作为所有学科研习的共同主题？目前我们所采用的这个意义体系就是借鉴了1998年博伊尔（E. L. Boyer）提出的观点并在此基础上经过转化得到的六大超学科主题（详见附录1）。（见表2-2）

表2-2　超学科主题之三大维度、六大主题

三大维度	六大超学科主题
人与自我	我是谁
	我如何表达自己
人与社会	我们如何组织自己
	我们身处什么时空
人与自然	世界如何运作
	保护自然

1. 用超学科主题确定学习的意义

六大超学科主题确立了一套使学科知识与现实生活建立联系的意义体系，帮助幼儿对学习产生意义和兴趣。在单元备课之前，我们先依据《3—6岁儿童学习与发展指南》《幼儿园教育指导纲要》，用六大超学科主题架构整个幼儿园阶段的知识大图谱，生成三年或四年的探究计划，以保证每一个主题得以在各个年龄段均衡、持续地探究。这三大维度六大主题具有高度的概括性，可以整合所有幼儿园的学习主题。下面以上海青浦区世外幼儿园的美好课程建设为例进行说明。

上海青浦区世外幼儿园以《3—6岁儿童学习与发展指南》为依据，结合上

海"二期课改"成果，融合国际文凭组织小学课程理念及框架形成了核心素养导向的美好课程。

美好课程践行"三回归"的教育哲学。美好课程旨在回归生活，让全体儿童真实地去参与、去实践、去体验、去感受，在这个过程中学习会自然而然地发生；美好课程旨在回归社会，让每一个儿童都能运用真正的知识，探索真实的世界，解决真实的问题；美好课程旨在回归生命，让所有儿童都有机会体验生命中的各种波澜，最终以自己独特的方式绽放。

美好课程秉持"全人教育"的原则，旨在促进幼儿"身体的我、情感的我、社会的我、认知的我、精神的我"五层次的成长，实现真善美的和谐统一。三大维度、六大超学科主题作为构建课程体系的重大要素，统整了上述要求，体现了美好课程"五层次"的全人教育理念，打通了"世界—我—课程"三者之间的逻辑关系，使得园所课程理念与课程实践贯通一致。（见表2-3）

表2-3　美好课程超学科主题内容

人与自我		人与社会		人与自然	
我和自己	我和表达	我和组织	我和时空	世界运作	共享地球
身体的我 情感的我 社会的我	情感的我 认知的我 精神的我	社会的我 认知的我 精神的我	情感的我 社会的我 认知的我	情感的我 认知的我 精神的我	社会的我 认知的我 精神的我
指向对自我的探究。了解自己的身体、需求、成长变化、角色身份、责任与服务以及健康的生活方式；对人际关系、生命意义进行理解和探究；形成自我价值感和社会归属感	指向对自我表达的探究。欣赏和应用不同的表达形式和多样的传播方式，感受语言和艺术的力量；探索大自然、文化、情感、情绪的表现形式，通过想象和创造表达观点与意义	指向对人类创造的各种组织和系统的探究。了解组织、系统的结构与功能；探索经济活动对人类与环境的影响；理解制度、规则的重要性以及人类在组织中的创造性	指向对时间和空间的探究。探索不同文化下人类文明中的共通性和独特性；了解我们在时空中的定位，回顾过去、预见未来	指向对自然规律和科学原理的探究。观察自然现象，初步了解自然规律；理解科学原理与认识自然、科技进步的关系	指向对环境保护和资源共享的探究。探索自然环境、自然资源对人类生存的重要意义；了解生态系统的构成要素和生态平衡；理解与他人及其他生物分享有限资源时的权利与责任

大观念课程体系清晰的三大维度、六大主题，有利于幼儿园统筹安排所有年级的探究内容。比如每一学年每个年级段探究四个主题，其中必须包含"我和自己""我和表达"。三年或四年结束时，保证三大维度的六大主题都被探究到。

这个课程体系的纵向与横向设计，还保证了园本课程探究内容的科学性和均衡性。

如表2-4所示，从横向看，以托班、大班为例，托班探究了"人与自我、人与自然"两大维度；大班从关注自我拓展到关注"人与社会"，反映了幼儿的认知发展规律。

表2-4 美好课程图谱（部分内容）

三大维度	人与自我		人与社会		人与自然	
六大主题	我和自己	我和表达	我和组织	我和时空	世界运作	共享地球
细则	指向对自我的探究。了解自己的身体、需求、成长变化、角色身份、责任与服务以及健康的生活方式；对人际关系、生命意义进行理解和探究；形成自我价值感和社会归属感	指向对自我表达的探究。欣赏和应用不同的表达形式和多样的传播方式，感受语言和艺术的力量；探索大自然、文化、情感、情绪的表现形式，通过想象和创造表达观点与意义	指向对人类创造的各种组织和系统的探究。了解组织、系统的结构与功能；探索经济活动对人类与环境的影响；理解制度、规则的重要性以及人类在组织中的创造性	指向对时间和空间的探究。探索不同文化下人类文明中的共通性和独特性；了解我们在时空中的定位，回顾过去、预见未来	指向对自然规律和科学原理的探究。观察自然现象，初步了解自然规律；理解科学原理与认识自然、科技进步的关系	指向对环境保护和资源共享的探究。探索自然环境、自然资源对人类生存的重要意义；了解生态系统的构成要素和生态平衡；理解与他人及其他生物分享有限资源时的权利与责任
托班	细则：指向对自我身体和角色身份的探究 大观念：人们通过认识自己的身体和情绪，与周围人建立良好关系，以适应新环境	细则：指向对艺术形式的探究 大观念：人们在生活中发现和感知色彩并进行表达			细则：指向对自然界规律的探究 大观念：人们了解食物并进行加工以满足日常生活需求	细则：指向对人类关系的探究 大观念：人们与动物通过互动建立联系，共同生活在地球上

续表

三大 维度	人与自我		人与社会		人与自然	
六大 主题	我和自己	我和表达	我和组织	我和时空	世界运作	共享地球
小班	细则：指向对人际关系的探究 大观念：人们在共建良好关系中承担各自的责任					
中班	细则：指向对健康生活方式的探究 大观念：人们对身体构造的认识促进健康生活习惯的形成					
大班	细则：指向对自我成长变化的探究 大观念：通过认识自己的成长和采取积极行动以适应变化的环境	细则：指向对文化表达的探究 大观念：人们通过不同的庆典感知多元文化并表达观点		细则：指向对我们在空间中的定位的探究 大观念：人们通过旅行探索周遭的世界，感受不同的文化	细则：指向对科学原理的探究 大观念：人们利用科学原理进行发明创造以改善生活	

从纵向看，"我和自己"的主题探究栏，循序渐进地安排了六个子主题，体现了从托班到大班幼儿对自我逐渐深入的探究。（见表2-5）

表2-5　美好课程图谱（部分内容）

我和自己		
指向对自我的探究。了解自己的身体、需求、成长变化、角色身份、责任与服务以及健康的生活方式；对人际关系、生命意义进行理解和探究；形成自我价值感和社会归属感		
班级	主题细则	大观念
托班	对自我身体和角色身份的探究	人们通过认识自己的身体和情绪，与周围人建立良好关系，以适应新环境
小班	对人际关系的探究	人们在共建良好关系中承担各自的责任
中班	对健康生活方式的探究	人们对身体构造的认识促进健康生活习惯的形成
大班	对自我成长变化的探究	通过认识自己的成长和采取积极行动以适应变化的环境

当单元备课展开时，教师根据国家和当地的课程文件或者教材，选择一个超学科主题下的一条细则，作为本单元的生成性主题。例如，"植物与责任"探究单元，教师选择"世界运作"中的一条主题细则（画线部分），作为本单元的探究焦点，焦点指向了学习的终极意义。（见表2-6）

表2-6 "植物与责任"单元示例

学前儿童学习与发展核心经验		超学科主题	主题细则（学习的意义）
发展领域	关键经验		
科学	**观察**：运用多种方式，对事物或现象进行比较观察 **记录与交流**：运用语言的或非语言的各种适宜的方式记录与交流 **事物与现象**： • 对事物与现象的特性及变化进行描述 • 理解事物与现象的一些表面的和简单的因果关系	世界运作	指向对环境保护和资源共享的探究。探索自然环境、自然资源对人类生存的重要意义；生态系统的构成要素和生态平衡；理解与他人及其他生物分享有限资源时的权利与责任
语言	**说明性讲述**： • 在有凭借物的情况下，能够在集体面前独立讲述，但如何构思内容尚需成人的指导与辅助 • 用恰当的词语，采用简单句讲述事物的特征或现象 • 根据不同对象分主次进行讲述		
数学	**量的比较**：识别和描述物体量的差异 **测量**：使用任意单位进行测量		
社会	1. **社会公德**：照料植物，保护环境 2. **合作**：活动时愿意接受同伴的意见和建议，在教师的引导下能为了共同目标共同完成任务		

同时，**超学科主题为概念性理解提供了跨学科迁移的平台**。幼儿阶段的学习内容大多来自幼儿的生活主题，生活中的问题往往是复杂的，是以超越学科界限的形式出现的。教育必须在各个学科之间建立关系。比如"植物与责任"单元，超学科主题指向要建立幼儿"世界运作"的意识，需要看到幼儿表现出对植物的责任，"责任"是指向社会学领域的概念，责任意识的建立是基于对植物生长知识的真正理解，故而科学地培育、观测、用准确的数字记录是幼儿生成责任意识的必经之路。这个过程自然就指向了跨学科领域的融合。

从概念性理解的建构来看，概念的产生与情境密不可分，在不同情境中，概念的含义是变化的，而且是动态发展的。比如在美好课程中，"人与自我"主题被幼儿在不同情境中持续四年一步步深入研习。围绕"适应性"这一概念，托班主要聚焦于入园的"个人适应性"，小班则根据年龄段特征，聚焦"人际关系"的建立，到大班，面对升学情境，适应性表现为从对自我成长的反思中获得积极面对新环境的态度和迁移能力。

所以，超学科主题体现了连续论的儿童观，可以作为从幼儿园到高中持续探究的学习内容和背景，它具有让教学持续和连贯开展的作用，可以让幼儿就这些主题开展由浅入深的探究。

更重要的是，**超学科主题也回应了幼儿经常提出的问题："我为什么要学习这些知识？"**从学习背景来看，我们处于一个全球互联的世界，地区、国家和全球的界限很难截然划分，越来越多的问题是全球共同面临的重大挑战。这是最大的真实情境，我们给幼儿提供机会来探索这些人类面临的共同问题，促使幼儿创造性地解决这类问题，这既具有挑战性，也和幼儿当下的经验息息相关，而且这类问题的解决将服务于社区或者更广阔的社会，幼儿会由此看到知识的力量和学习的意义，学习的内驱力得以增强。

2．用概念视角统整知识与技能

超学科主题从课程内容的角度聚焦了六个探究领域，但是，我们仍然需要**一组强有力的概念来提供认识世界的视角，构建具体的探究路径。**这些概念需要具有普遍的重要性，具有超学科特征，同时也有助于对学科知识的深入探究。我们选择了八个超学科概念作为概念视角引导探究（并非只有这八个概念值得探究）。

在整个园所课程体系中，**八大超学科概念和六大超学科主题一起，承担起均衡构建幼儿园课程体系的重要作用。**以下仍以上海青浦区世外幼儿园美好课程大班的探究图谱为例进行说明。（见表2-7）

表2-7 美好课程图谱（部分）

三大维度		人与自我		人与社会		人与自然	
六大主题		我和自己	我和表达	我和组织	我和时空	世界运作	共享地球
大班	细则	对自我成长变化的探究	对文化表达的探究		对我们在空间中的定位的探究	对科学原理的探究	
	大概念	变化 形式 道德	审美 因果 视角		视角 联系 因果	变化 功能 联系	
	大观念	通过认识自己的成长和采取积极行动以适应变化的环境	大观念：人们通过不同的庆典感知多元文化并表达观点		大观念：人们通过旅行探索周遭的世界，感受不同的文化	大观念：人们利用科学原理进行发明创造以改善生活	

　　大班的四个主题，保证了对八大超学科概念的每一个概念都做了探究，保持了课程内容的系统性和平衡性。

　　同时，**概念视角还具有整合学科领域知识的作用**。以"植物与责任"单元为例进行说明。（见表2-8，表格左侧的内容来自"核心经验与幼儿教师的领域教学知识丛书）

表2-8 "植物与责任"单元示例

幼儿将知道的知识（K） （黑体字为领域概念）	幼儿将发生的概念性理解（U）
1. 植物的基本**结构**和**生长条件**（科学） 2. 观察记录植物的特征与生长过程的不同方法（科学） 3. 测量植物生长变化的方法和记录单位（数学） 4. 描绘植物特征的词汇和简单句（语言）	1. 不同的植物都具有根、茎、叶的基本结构，但是不同的植物结构的形态具有差异性（形式）
5. 植物的**价值**（科学）	2. 植物和人类以及其他生命体**相互影响**（联系）
6. 照料植物的**责任**（社会）	3. 人们有爱护植物的责任（道德）

　　左侧栏的黑体字是该案例教师提取的领域概念，右侧栏通过超学科大概念的整合，形成本单元的超学科探究线索和对应的概念性理解，整合的同时也起

到约束本单元探究范围的作用，把学习引向有焦点的深度探究。

3．明确要培养的探究能力

概念思维即专家思维。把（准）专业的探究方法和程序运用于新的情境，这对幼儿的学习能力提出了新的要求。这些能力不仅指具体的听说读写、计算、测量等学科技能，而且指向超越学科界限的、对幼儿今后的生活学习工作都有价值的三大探究能力（也称作21世纪技能）：批判性和创造性思考能力、社交和情感能力以及交流、协作和资讯科技能力（详见附录3）。教师在设计每一个教学活动时，要将其转化成幼儿具体要做的事情，在教学过程中运用和提升这些能力，同时将其作为研究幼儿理解水平的证据。

以"植物与责任"为例，如表2-9所示，通过梳理资料，明确本单元幼儿要做的事（见表2-9最左栏），再对照三大探究能力，选择本单元着重培养的2—3项能力，摘引与探究能力有关的论述，最后整理成探究方法。

表2-9　探究能力的生成

幼儿要做的事	探究能力		
整理自"核心经验与幼儿教师的领域教学知识丛书"	摘引相关论述		本单元要求幼儿具备的能力
数学： 识别和描述物体量的差异 **科学：** 对事物的与现象的特性及变化进行描述 **语言：** 用恰当的词语和简单的句子讲述事物的特征或现象 **观察：** 运用多种方式，对事物或现象进行比较观察 理解事物与现象的一些表面的和简单的因果关系	我能够识别特征 我能寻找相似性和差异性	批判性和创造性思考能力	前测——观察神奇植物的特点 探究发现——对收集来的不同植物所属的部分进行分类、比较，发现同一结构的差异性
社会： 活动时愿意接受同伴的意见和建议，在教师的引导下能为了共同目标共同完成任务	我能认真倾听他人的意见 我知道我的行为对团队的影响	社交和情感能力	分组讨论，协商制订植物博览会计划书
科学： **记录与交流：** 运用语言的或非语言的各种适宜的方式记录与交流	我可以确定最合适的方法来记录我发现的细节	交流、协作和资讯科技能力	用录音、数字、图画、符号等各种表征方式对探究过程和结果进行记录

这三大探究能力需要在"做事"中培养，所以它们既是学习方法，也是能力目标，同时指向了品格的养成。表2-10清晰地展示了育人目标如何通过大观念教学来达成。

表2-10　品格养成的路径

探究内容 （Learn about）	探究方法 （Learn to do）	品格养成 （Learn to be）
植物的结构	批判性和创造性思考能力——对收集来的不同植物所属的部分进行分类、比较，发现同一结构的差异性	乐探究

4. 设计育人目标

大观念课程的八大培养目标，提炼自《义务教育课程方案（2022年版）》。各个园所完全可以基于自己的校园文化，提炼出本园的育人目标，构建打通国家课程、园本课程和特色课程的课程体系。上海青浦区世外幼儿园美好课程案例如下。（见表2-11）

表2-11　美好课程育人目标与中国学生发展核心素养、培养目标相关性分析

美好课程的核心素养				
核心素养的关键要素	核心素养18个要点	义务教育八大培养目标	美好教育培养目标	核心素养要点
核心价值观	人文积淀 人文情怀 国家认同 国际理解	家国情怀 国际视野 个性健全	向爱向美	会交往 会反思 会创造
	珍爱生命 健全人格			
	审美情趣			
必备品格	社会责任	敢于担当 喜欢交流 善于协作	有理有仪	有爱心 有礼仪 有责任
	自我管理			
	审美情趣			

美好课程的核心素养				
核心素养的关键要素	核心素养18个要点	义务教育八大培养目标	美好教育培养目标	核心素养要点
关键能力	乐学善学	乐学善思勇于探究	乐知乐会	乐表达乐探究乐生活
	理性思维 批判质疑 勇于探究 勤于反思 问题解决			
	信息意识 技术运用			
	劳动意识			

上海青浦区世外幼儿园在《义务教育课程方案（2022年版）》的基础上，基于《3—6岁儿童学习与发展指南》，并结合自身的办学理念，以培养每一个孩子具有"中国心、世界眼"，成为乐知乐会、有理有仪、向爱向美的具有面向未来的综合素养的小公民为培养目标，在课程目标中围绕九大核心素养进行落实。九大核心素养成为每个探究单元可以落地的课程要素。（见表2-12）

表2-12 "植物与责任"单元示例

单元主题：植物与责任：我的植物朋友			
探究内容：植物	适宜年龄：中班	核心素养：乐探究、乐表达、有责任	探究时长：8周

大观念教学的框架决定了它是知识、能力和品格三维一体的教育，人的培养目标理应居于课程的最高位置。那么，每一个单元具体落实哪几项培养目标呢？仍以"植物与责任"单元为例，根据表2-10的逻辑，"Learn to do"决定了"Learn to be"，我们依据探究能力的细则，框定了对应的育人目标"乐探究""乐表达"和"有责任"。

综上所述，我们看到，超学科主题和超学科概念，构成了大观念教学的核心，帮助教师生成大观念。我们用图2-2来呈现大观念生成的路径。

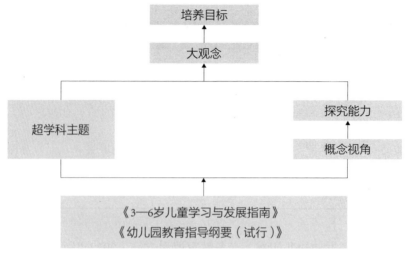

图2-2　大观念的生成路径

当立足于国家课程标准和园本资源来做大观念教学设计时，我们通常采用自下而上的方式来建构大单元。首先明确教学意图，定位一个超学科主题，选择其中的某一（些）条目，来生成整个单元的学习意义（在生成整个幼儿园阶段的总探究计划时，要对超学科主题的选择进行平衡）。接着从学科领域中提取出领域概念，通过八大超学科概念来聚焦，选择其中1—3个超学科概念作为单元的透镜来统整学科概念。教师采用概念视角既有助于开展深度研习，也有助于发展幼儿的超学科理解能力。

当一个园所已经采用大观念课程体系构建好本园3—4年的课程图谱时，就可以采取自上而下的方式，尊重教师和学生的兴趣点和创造性，进行每一年度的探究单元的修订。

（二）大观念的评估

1. 大任务承载大观念

概念是抽象的，需要表现性任务来表征；概念是不能被直接教授的，需要在已有经验的基础上通过探究真实情境中的真实问题来建构对概念的理解。六大超学科主题是产生大任务最大的真实情境，它立足于解决当时、当地和幼儿相关的问题，往往指向社会责任意识的培养，落实新课程标准对人的能力与品格培养的要求。大任务与大观念的关系见图2-3。

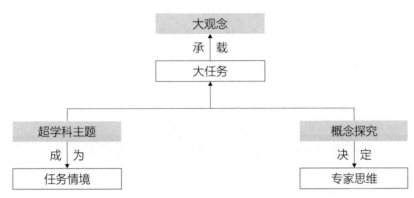

图2-3 大任务与大观念的关系

（1）大任务要表现理解

大任务属于表现性任务，是单元结束时对幼儿解决问题的能力、概念性理解达成程度的评估依据，以幼儿的作品或日常行为表现来呈现。在单元教学中，我们往往会将大任务拆分成一系列子任务，形成阶梯式任务，并最终完成大任务。大任务以"做事"的方式表现理解。那么，理解有哪些可以识别的外部特征？在此，我们借用威金斯等的理解"六侧面"及比格斯（J. Biggs）等的SOLO（Structure of the Observed Learning Outcome，可观察的学习结果的结构）分类评价理论来帮助我们产生并检验大任务是否指向理解。

● 理解的证据1：理解"六侧面"

威金斯等在《追求理解的教学设计》（*Understanding by Design*）中写道，理解是"洞察"，是"智慧"，不是"知道"，学得太多反而可能无助于理解。同时，对行为进行评估是理解的必需，幼儿只有能讲授、使用、证明、联想、解释、辨析所学内容，并能领会言外之意，才算是理解了。此外，理解还有"同理心"之意，幼儿在人际交往中学会了：我可能不认同你的观点，但是我能真诚地倾听，并从中受益。所以，理解是复杂而多面的：有时是高度理论化的知识，有时又是温暖的体察；有时是基于直接经验的联想，是与人互动的领悟，有时又是独立思考的产物。根据理解的这些特征，威金斯给出了六个侧面的视角来帮助我们真正理解什么是"理解"（详见附录5）。

我们借用评估证据和理解"六侧面"来帮助产生表现性任务，并核查其在多大程度上表现了理解。以"植物与责任"单元为例来进行说明。（见表2-13）

表2-13　理解"六侧面"核查表

评估证据		解释说明现象洞察联系	阐明连接个人说明理由	应用迁移	洞察聆听观点	移情同理心、视角切换	自知收获知识方法、认知局限
子任务1	植物大发现	√	√		√		
子任务2	种植小小花园		√	√		√	
子任务3	筹备植物博览会		√	√	√	√	
总结性评估任务	举办植物博览会			√	√		√

● 理解的证据2：SOLO分类评价理论

SOLO分类评价理论向我们揭示了学习者概念性理解的程度。SOLO分类评价理论是澳大利亚教育学家比格斯首创的一种学习者学业评价方法，是一种以等级描述为特征的质性评价方法。在SOLO分类评价理论中，比格斯把学习者对某个问题的学习水平由低到高划分为五个层次：前结构、单点结构、多点结构、关联结构和拓展抽象结构。（见图2-4）

SOLO分类评价理论帮助我们在制订教学目标时能够时刻注意知识目标与概念性理解之间的平衡。在形成了一定事实理解的基础上（多点结构），帮助幼儿建立知识之间的关系，形成理解，并且通过迁移来使理解得以拓展和深化。

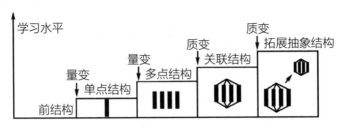

图2-4 SOLO分类评价理论的层级结构模型

教师还可以根据学科特征，利用表2-14（表中以"植物与责任"单元为例）使学习内容具体化，方便幼儿自评和他评。

表2-14 SOLO评价表

SOLO层次		主要表现	本单元学习中的案例
前结构水平		完全没有理解，答非所问	
浅表性了解水平	单点结构	理解概念或主题的某一方面	能够描述植物的特征
	多点结构	理解概念或主题的某几个方面，但是知识没有被结构化，处于离散状态，不能指向概念性理解	能够描述植物的结构特征，但不能解释植物和其他生命体的相互影响
概念性理解水平	关联结构	能够把多方面的知识、概念结构化，找到相互之间的关系	能够描述植物的结构特征，并能解释植物满足了人类的需求，是其他生命体赖以生存的资源
	拓展抽象结构	形成了概念性理解，能够迁移所学解决新情况下的问题	能够描述植物的结构特征，能解释植物是人类及其他生命体赖以生存的资源，能积极承担照顾植物的责任

（2）大任务的设计原则

大任务的设计需要遵循以下三大原则，以体现大观念教学的学科实践性及对学习者关键能力和必备品格的培养。

●原则一：重要性与挑战性

大任务解决的是当今人类面临的普遍问题，始终关注知识的运用价值。例如，哲学问题"我（们）是谁？"，社会问题"人类的制度是如何建立和运作的？""面对科技的发展，我们如何和生物共享地球？"，这些问题是没有最终答案的。因此，大任务直面的是重要且富有挑战性的问题。

六大超学科主题为直面重要且富有挑战性的问题的大任务提供了真实情境。比如："植物与责任"单元，幼儿通过探索植物种植的过程，理解人类对于环境应该负有的责任；在"艺术与表达"单元，幼儿通过欣赏和尝试创作不同艺术领域的作品，创造力得以激发，并试着领悟艺术的本质就是个人的表达，独创性是艺术的本质特征。托班的入园课程，貌似是对幼儿日常生活习惯的培养，实际上是让幼儿通过反思个人与他人、个人与环境的关系，自主建构对"适应新环境"的信念。交通主题的研究，则是引导幼儿在游戏情境中，建构系统性思维。

● 原则二：学科性

在大任务中，通过对超学科概念和领域概念的探索，体现对学科本质或原理的理解。这就决定了幼儿不是普通地"做事"，而是在从事体现专家思维的研究活动。

比如，"植物与责任"单元是基于科学领域展开的超学科探究，科学的学科概念"生长周期""相互作用"以及科学的观察、测量、收集数据、记录整理、科学解释、检验预测等研究方法，都体现出学科属性。超学科探究不是忽略学科，而是基于学科、整合学科的研究方法，培养幼儿的跨学科思维和解决复杂问题的能力。

"自然现象与生活"单元，需要幼儿通过观察、记录、测量、解读、实验、播报等多种方式对自然现象及其变化进行科学探究，对信息和材料进行整理和分类。"环境与生活方式"单元，幼儿需要接触大量的资料，分析整理不同地理环境下人们生活方式的差异，这是专业的社会学研究方法。"艺术与表达"单元，幼儿需要寻找、发掘身边的艺术，尝试运用身边的物品或工具参与艺术创作，这也是准专业的艺术创作方法。

● 原则三：相关性与趣味性

大任务重在连接幼儿的生活，解决和幼儿息息相关的问题。由于大观念教学建立在幼儿生活经验和生命体验基础之上，幼儿必须亲身经历才能获得概念性理解并迁移原理用于解决新情境下的新问题。所以大任务的设计需要尊重幼儿现有的生活体验，让幼儿与自我、家庭、社区乃至整个世界逐渐建立联系。认知心理学的相关研究告诉我们，越是与幼儿自身相关的话题，越能激发他们的兴趣和求知欲。

比如"入托与适应"单元的内容，最能体现与幼儿日常生活的相关性。入园适应性探究的起点，就是建立在对幼儿的入园观察上，从入园前的家长开放日，到入园初的生活，老师都在持续观察，收集第一手资料，并建立幼儿个人档案。形成性评估就是日常幼儿的问题解决记录。

"艺术与表达"单元通过艺术启蒙课，想要让幼儿建构"人们享受不同形式艺术的乐趣，并通过不同的艺术手段进行创造性表达"这一大观念，教师从欣赏烟花的灿烂和用蛋壳泼墨开始引导，没有传授知识的痕迹。

在"环境与生活方式"单元，海岛任务的产生也是基于教学过程中孩子的兴趣点，由幼儿投票决定进一步探究的对象，体现了幼儿对于课程的发言权和选择权。

在"系统与便利"单元，对交通工具的探究，最终要落在作为社会公民的规则意识上来。教师开展的探究活动完全基于游戏化的情境，其带领幼儿在有限的教室空间营造了真实的交通场景，并发现了交通拥堵的问题。立足于问题解决，幼儿调动前期所学的交通标识知识，创建交通规则，创造维护交通的设施，创设交警工作准则……，鲜明地体现了"在创造中学习"的探究式教学特色。

任何宏大的主题，最终都要落在人的身上，只有和幼儿的生活经验、生命体验、思想心灵相连接，大任务才有足够的驱动力，才能帮助幼儿完成大观念的建构。如大班升学适应性的探究，是根植于幼儿对四年幼儿园生活的成长回顾，从个人反思中建立自我效能，生长出"我能行"的观念，以此来迎接小学新生活。

综上所述，大观念驱动下的大任务必须是真实的，既能够承载宏大的社会责任、家国情怀、国际视野等素养目标，又能够和幼儿日常息息相关，同时又必须体现本学科领域的专家思维。这样，才能通过大任务这个载体落实育人目标。

2．大任务的评估

大任务是大观念的表现载体，对大任务的评估即对大观念的评估。

（1）评估的目的

评估是对学习过程和结果的检查。从评估的视角看教学，教学与评估是一体的。大观念教学的评估，过程与结果同样重要。探究式学习的过程，就是不断收集幼儿理解证据的过程，教师据此调整预设的教学计划与学习方式，使评估成为"帮助幼儿成长"的工具。

评估的内容涉及知识、能力、理解和学习感受。我们不仅要关注幼儿学到了哪些知识，还要关注他们的能力发展，观察他们的独立学习与协作能力是否在进步；更要关注他们的理解，比如他们的提问，是否比之前更有深度了；同时，他们的兴趣和关注点也需要重点关注，因为幼儿的好奇心与求知欲是单元学习的核心驱动力。

（2）评估的分类

评估分为三种：总结性评估、形成性评估、元认知（反思性）评估。

●总结性评估

总结性评估是**逆向设计**的结果，往往发生在学习的结束阶段，是基于目标达成程度的一个报告。

总结性评估是教师深思熟虑的结果，要求教师看到整个单元的全局。教师梳理单元所有的知识、能力和概念性理解，然后基于学习目标设计一个真实（或模拟真实）的表现性任务，即大任务，用以检查幼儿目标的达成情况。

比如"系统与便利"单元，教师把大任务设计为"构建一个交通系统"，就很好地整合了交通系统各要素，并检测了幼儿如何操作各要素，让它们"系统运作"起来。标识、规则、设施……，全部在幼儿的"创造"中产生。

● 形成性评估

形成性评估是服务于教与学的评估，是评估的主体部分。它收集每一阶段幼儿学习的信息，帮助教师发现幼儿已经"知道"和"能做"什么，还有什么问题，据此调整教学。所以它是持续的、有频率的和有效的反馈。

形成性评估也包含**正向设计的评估**，当幼儿展开探究时，在观察幼儿行为的过程中，会发现一些预设之外的要素，教师要随时将其引入评估体系。在本书的案例中，这一特点体现得非常鲜明。在探究线索限定的范围内，完全可以跟随幼儿的兴趣点，决定下一步探究的内容，生成新任务，如海岛的选择、飞机场的建立等。

在幼儿园阶段，形成性评估尤为重要。在以幼儿为中心的课堂上，教师要更多地倾听、观察和记录幼儿的一言一行，收集理解的多元证据，了解幼儿现阶段的兴趣和理解水平，借此调整下一阶段的教学。托班案例给我们提供了最好的形成性评估的范例，鲜明体现了"教—学—评"的一致性。教学问题基于幼儿的日常问题产生，教即学，学的过程、方法和结果就是评。（见表2-15）

表2-15 托班评估示例

月龄	事件	孩子想	背后原因	教师想	教师跟进
24	 送餐盘	我不想自己送餐盘，我怕端着盘子撒了，在家都是妈妈收拾盘子的，我从来不收拾	该幼儿是班级里月龄最小的，刚进入集体生活有些紧张，不愿意尝试一些需要独立完成的事情	虽然该幼儿是最小的，但是端餐盘和送餐盘是比较容易独立完成的事情，而且当能独立完成时，幼儿也会有成就感，所以老师一开始先手把手教幼儿双手捏住哪里，带他试一试，再鼓励他独立试一试	在之后的时间，老师持续关注该幼儿送餐盘的情况，几天时间内，该幼儿就可以独立完成送点心餐盘了，老师给予了他很大的鼓励；之后的午餐环节送餐也继续鼓励该幼儿独立尝试，并继续鼓励幼儿独立擦嘴和漱口，该幼儿越来越自信了，能更多地参与帮助收纳、整理班级玩具等活动

月龄	事件	孩子想	背后原因	教师想	教师跟进
27	我要找妈妈	我想回家，我想找妈妈，我不想在幼儿园和不熟悉的老师、小朋友在一起	该幼儿是双胞胎中的弟弟，第一次离开妈妈，分离焦虑比较严重	该幼儿语言表达能力比较弱，说话吐字不清且以哭为主，在情绪情感上的需求会比其他孩子更高些，情感更细腻，对环境变化更敏感，需要更多的关注和陪伴，在有微表情变化时需要老师将自己观察到的情况描述出来，孩子觉得自己的感受和状态被理解和接纳了，情绪就会逐渐稳定下来	和家长沟通在家增加阅读时间，面对着幼儿说话，通过多询问和示范的方式，给幼儿更多自我表达的机会；在学校随时关注该幼儿的状态，随时陪伴、及时安抚，邀请其他幼儿一起拿纸巾、擦眼泪、拿玩具来安抚该名幼儿；示范其他幼儿用语言说一说："你是想妈妈了，对吗？没关系，我们陪着你。"
30	老师我下不来	"老师你来帮帮我！我一个人不敢爬这个梯子，不敢滑这个木头滑梯。"	该名幼儿下半身不太稳定，容易踮脚走路，涉及需要整个身体配合完成的相对复杂的动作时就会感到害怕、不自信，会呼唤老师协助	该名幼儿的身体协调能力需要锻炼，教给该幼儿"先放一只脚到前面，双手扶住并坐稳，再把另外一只脚转到前面来"的方法，在需要时先给予少量协助	之后设置其他类似需要转身才能完成的器械，邀请该名幼儿反复尝试，经过两个月的练习，该幼儿的身体协调能力明显增强，可以以比较慢的速度独立完成这类器械了

形成性评估的方式是多样化的，为教师提供一切可以了解幼儿的证据。书中后面几章的课例提供了可以在不同主题中使用形成性评估的工具与方法。

● 元认知（反思性）评估

元认知（反思性）评估是幼儿的反思，它不仅关注幼儿"学到了什么"，更关注幼儿"如何学到的""为什么学这个"和"接下来做什么"，这更专注于对探究能力的评估。反思的目的是帮助幼儿建立主体意识，最终在没有成人的情况下能够自我掌控学习。元认知（反思性）评估发生在探究的每一个环节中，评估结果保留在幼儿的档案中。

在使用元认知（反思性）评估时，教师应注意以下事项：

◆ 教师从"裁判者"的位置下来，成为观察者、协助者

◆ 帮助幼儿建立"诚实"的态度和成长型思维，引导幼儿自我评估已有的进步和进步的空间

◆ 教会幼儿自评，寻找可以证明自己进步的证据

◆ 教会幼儿他评，"教别人"是最好的学习方式

◆ 教师提供脚手架，如量规、核查表、能力矩阵等，引导幼儿自主向学习目标和成功标准迈进

◆ 教师避免控制性的语言，如"你应该……"，改为探寻式的语言，如"你觉得你的作品怎么样?""为什么这么说?""你最满意的是什么?""你觉得你还可以改进的部分是什么?"

表2-16是"系统与便利"单元的学习任务单，可以明确地反映幼儿的问题解决意识，教师的教学行为有效激发了幼儿的主体性，让接下来的教学行为基于幼儿的主动需求产生，毫无设计感地回应了"为什么学这个"和"接下来做什么"这两个问题，揭示了探究式教学的本质。

表2-16　"系统与便利"单元评估示例

发现的问题	问题分析	解决办法
驾驶舱经常有乘客随意进入	乘客不清楚安全出行的规则，教室里的驾驶舱和客舱之间是没有隔离的	制作文明乘客公约 驾驶舱增设隔离栏 制作"禁止入内"的标识
乘客不喜欢提供的食物，乘客说食物坏了	食物种类很少，没有准备冷藏食物的冰箱	准备更加丰富的食物 准备一个冷藏食物的箱子当作冰箱

反思性评估，也体现在大班的升学适应性主题教学中。

教师在班级区角活动中创设自理小达人区，让幼儿体验、经历从"我不

会"到"我可以"的过程。重要的是，教师会及时引导幼儿思考："你是怎样从不会到会的?"让幼儿分享个人经验，教师带领全班幼儿归纳"成功小技巧"。让每一个成功的行为都因即时反思而具有意义，从而能够建构理解。

（3）评估的原则

● 看到学习的全局

大观念教学是一个漫长的过程，师生需要时时看到学习单元的全局。我们要去向哪里? 我们的最终目的是什么? 我们已经走到哪一步了? 我们可以借助"为什么"这个词帮助幼儿反思：我为什么要做当前这件事?

● 让幼儿参与教学设计

幼儿是学习的主体，理应参与学习计划和成功标准的制订。尤其在单元探究展开时，更要实时关注幼儿的兴趣点，倾听幼儿的声音，尊重幼儿的发言权和主导权。

● 重视幼儿已有的知识和经验

幼儿的已有经验是理解建构的基础，教师在教学的任何阶段收集的证据，如作业样本、任务单、讨论录音或活动视频等，都应该带到班级备课会上来分析，以此成为调整教学的证据。思维工具"过去我认为……现在我认为……"是常用的评估工具。

● 持续关注每一个幼儿

教师要提高课堂上每一个幼儿的有效交流时间，让幼儿说出自己的理解，在听与说的过程中相互激发，使对方成为自己的学习资源。

以下是提高课堂教学效率和学习效果的一些策略[①]——

◆ 减少讲授，增加倾听、观察和记录

[①] 注：这些策略都需根据幼儿的年龄段来选取。年龄段越小的幼儿，越需为他们提供能够操作的富有探究性魅力的环境，教师在幼儿体验的过程中进行观察和记录。

◆ 减少全班性的竞相举手回答，增加同伴分享及小组分享，人人有
机会展示理解

◆ 减少"乒乓球式"问答，增加幼儿个体思考的时间，并且鼓励幼
儿记录下分享要点

◆ 采用可视化思维工具（常见的可视化思维工具见附录6），增强学
习的可控性和有效性

◆ 增加对目标幼儿的密切观察

（4）评估标准

大任务的成果是可见的、可供交流的，是幼儿知识、技能、概念性理解和
情感态度的整体呈现。每一个单元，教师都要根据这三项（知识K、概念性理
解U、探究能力D）对表现性任务进行评估。如"系统与便利"单元的案例，
就为KUD的评估提供了很好的示范。

单元大任务是学生对KUD理解的集合体，比如在大任务"构建有效运作的
交通系统"中，幼儿对交通工具、交通规则、交通设施、交通参与者等交通系
统要素及其关系进行深入探究。在交通工具博物馆的子任务中，聚焦的理解是
交通工具有异同（U），幼儿需要根据自己对交通工具名称、外形、功能的认识
（K）制作一个自己喜欢的交通工具，这个任务的完成需要幼儿具备识别物体显
著特征等能力（D），幼儿将对KUD的理解综合展现在任务完成的过程中。

在本单元中，幼儿是基于游戏情境不断增加知识、培养能力、建构理解
的，因此，KUD也是在幼儿发现问题，教师和幼儿讨论问题，增加、调整或
更新缺失交通系统要素的过程中不断发展起来的。比如在完善交通设施的系列
活动中，幼儿先前并非不理解规则保障着人们的出行安全（U），也并非不知
道交通设施是交通系统的构成要素（K），而是在游戏的过程中，幼儿具备了
把已有经验迁移到新任务和新情境的能力（D）后，幼儿根据游戏情节和解决

问题的需要催生了要在班级交通系统中增加更多交通设施（K）的想法，进而迭代了自己对概念的理解。

（三）大观念的实施

在大观念建构的过程中，引导幼儿在真实情境中形成自己的探究问题、设计自己的探究思路并展开对问题的研究，最后形成自己的理解，我们称为探究式学习。

探究过程是师幼共同生成课程的过程。在众多探究模式中，我们采用澳大利亚教育家默多克的探究六循环作为学习实践设计框架，它具有众多探究模型的共同特征，且适用于各个学科和学段。最重要的是，它揭示了概念性理解产生的过程。

1. 探究六循环的原理

概念性理解建立在学习者已有经验的基础上，学习者通过亲历实践活动获得新理解。概念性理解是在探究过程中产生的，探究过程包括进入探究、探究发现、梳理建模、深入探究、建构理解、知行合一六个环节。（见图2-5）

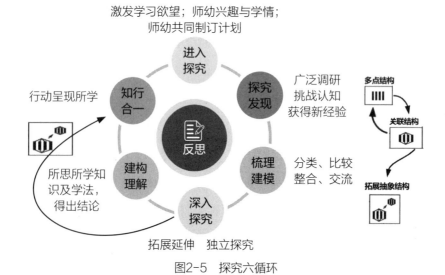

图2-5　探究六循环

在"进入探究"环节，教师通过前测，在幼儿脑海里初步建构概念模型，了解幼儿目前对概念的认知水平。

"探究发现"环节，是探究循环的重要环节。幼儿需要从不同来源获取知识和信息，需要用不同的方式验证思考、得出结论，需要多角度质疑证据、验证结论的可靠性，比如阅读学习、田野调查、实验探究、专家对话……。幼儿会对每一次学习活动的发现进行归纳，每一次研究都是对前一次学习结论的迭代，所以探究发现是在事实和概念之间循环往复的过程，幼儿逐步地将二者建立关系，从多点结构走向关联结构。

在"梳理建模"环节，通过分类、比较、整合等环节，幼儿脱离了事实，找到了观点之间的内在关系，建构起对大观念的理解，为下一阶段的迁移做好了准备。此阶段的幼儿处在关联结构水平。

然而，在教学情境中建立的对大观念的理解还无法证明幼儿是真正理解了，我们还需要看到幼儿能够在新的情境下对理解进行迁移，利用所建立的模式解决新情境下新的问题，进而从关联结构水平走向拓展抽象结构水平。探究六循环中的"深入探究""建构理解""知行合一"环节，就是幼儿在新情境下独立探究、通过反思建构个人理解、通过行动展示理解的过程。上海青浦区世外幼儿园对探究六循环进行了创造性的处理，把项目化学习引入"深入探究"环节，让幼儿根据自己的兴趣选择深入探究的方向，尊重了幼儿的个人实践，最终形成作品，培养了幼儿在新情境下解决问题的能力，体现了概念的迁移。这一创造性处理，既保持了探究式教学在"进入探究"和"探究发现"环节的充分激发与自主学习，又在成果形成——"深入探究"和"知行合一"阶段体现了开放性，尊重了幼儿的选择权。（见图2-6）

2．探究六循环的实施

依据探究六循环产生的教案并不意味着从一开始就要完成每一个细节，这个教案是基于学情而动态调整的。随着学习的展开和幼儿学习兴趣的不断被激发，评估学习状态和效果的证据被不断收集并纳入教案，教案始终为保持幼儿

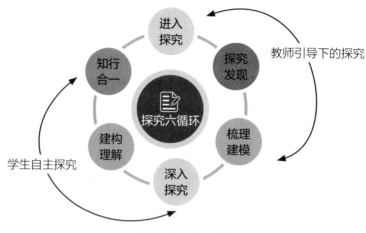

图2-6 双循环图

的探究兴趣以及让学习真正发生而进行适当调整。所以，教师的角色像是一个绘图者，鸟瞰全局，在教学过程中始终关注大局、关注幼儿。探究六循环的实施过程见表2-17。

表2-17 探究六循环的实施过程

探究循环及意图	老师做的事情及幼儿做的事情
进入探究 体现幼儿主体性的最高原则：做一个清醒的求知者，知晓全局，也知晓每一个环节和步骤，了解自己目前的局限，知道为什么要做这些事情	**老师做的事情：** • 提出问题，激发幼儿的好奇心，激活幼儿已有的经验，前测理解 • 师生共同生成单元探究计划 **幼儿做的事情：** • 与自己的生活关联，为已有的想法取证，生成问题 • 参与学习计划的制订
探究发现 • 强调从不同渠道、不同方式获得多样的信息，目的是不断挑战幼儿现有的认知经验，为产生新认知做准备 • 从概念性理解的角度看，充分的事实性学习是为抽象的概念领悟做准备 • 教材资源只是学习资源的一部分	**老师做的事情：** • 充分准备各类教学资源 • 确定合理的教学策略，满足差异化学习的需要 • 通过任务单呈现学科研究方法 • 通过各种途径收集幼儿理解的证据 **幼儿做的事情：** • 充分利用学习资源，运用不同的学习方式，如做实验、调查、查询网页、观看视频、联系专家、咨询他人、阅读、看图片、听故事或讲座等，从各种渠道获取信息，生成理解 • 记录发现 • 合作学习

探究循环及意图	老师做的事情及幼儿做的事情
梳理建模 ● 处理信息，生成大观念理解 ● 展示研究成果	**老师做的事情：** ● 通过引导性问题指导幼儿共同建立分类标准，引导异同比较，推断出结论 ● 与进入探究阶段填写的前测表的内容进行比较，鼓励幼儿思考新的发现 **幼儿做的事情：** ● 对所有研究结果进行整理，通过分类与再分类、比较异同、整合信息、发现关联等途径，建立模式 ● 交流结论，以各种方式直观、清晰地展示理解，如使用数学、艺术、语言、图表、戏剧、舞蹈、音乐等方式来处理和交流所获得的信息
深入探究 找到兴趣点，展开个人或小组的独立探究	**老师做的事情：** ● 提供相关信息，帮助幼儿选择个人感兴趣的方向生成探究计划，并根据学情予以过程性指导 ● 鼓励采用不同的方式和方法展开研究 **幼儿做的事情：** ● 定义问题，制订计划 ● 自我管理，执行计划
建构理解 基于个人反思，建构个人对大观念的理解	**老师做的事情：** 给出反思引导题 **幼儿做的事情：** ● 反思所学—— 我们为什么要研究这个主题？ 我从中学到最有趣的是什么？为什么？ 我还有什么不明白的？ 我最大的挑战是什么？ 什么促进或阻碍了我的学习？ ● 反思学习方法—— 我是如何展开研究的？ 下次我会有不同的做法吗？为什么？
知行合一 用行动表现理解	**老师做的事情** ● 帮幼儿创造行动的机会 ● 提供引导性问题 **幼儿做的事情：** ● 用行动表现理解 ● 通过展演，以所学知识和行动影响周围的人

需要强调的是，这六个步骤并非一成不变地单向推进，某些环节可能会循环往复，比如探究发现与梳理建模、建构理解与知行合一的顺序可以根据单元任务情况进行交换或者合并，而且"行"并非仅仅是单元结束时的任务完成，

整个的学习过程都在贯穿"行"。就幼儿的成长而言，我们更期待看到单元学习结束后课程对幼儿的持续性影响。

3. 探究式课堂的样态

探究式课堂最能突出"创生"的特征，它常以对话的形式展开（见图2-7），学习者通过协作与交流产生新想法。同伴对话、小组学习，都是最大效率利用课堂时间的手段。有效的分组学习给每个幼儿带来充分交流的机会，使幼儿相互激活，成为彼此的学习资源。

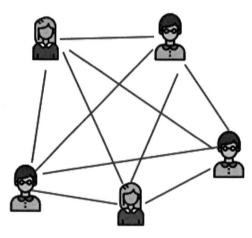

图2-7　探究式课堂

探究式课堂展现出以下样态。

首先是自由的。师生可以在教室里自由走动，每个小组甚至每个幼儿都有可能在做不同的任务。有的幼儿在电脑区查阅资料，有的幼儿在独立研究，有的幼儿在交谈，有的幼儿在记录，有的幼儿在整理，行走坐卧，以各种适合自己的方式展开学习。教师在教室里也是自由的，很多时候在对小组或者个人进行深入指导，或者提问、激发，或者反馈、鼓励，或者示范、引领，更多的时候是在倾听，了解学情。

其次是协作的。课堂上，幼儿或者在求助教师，或者在和同伴协商、讨论。教师和幼儿也是协作关系。教师提前准备好学习资源和任务单，让幼儿在学习一开始就明确当天的学习意图，教学要求清晰具体。当学习展开时，教师更多的是倾听、记录、指导、反馈，可以采用照相、录像等直观手段，将捕捉到的信息带回备课组，供调整教学计划使用。最忌讳的是教师掌握了提问主导权，以问答的方式占领课堂。

再次是全局的。教室的墙上张贴的不是可以"炫耀"的学习成果，而是学习计划、成功标准和学习过程的痕迹，让幼儿随时知晓大单元的全局和进展，把墙壁变成学习交流的公共空间。

最后是快乐的。课堂上随处可以看到笑脸，听到笑声。

三 学习空间的创设

学习空间是指学习发生的情境。这是借鉴建构主义和社会建构主义教学法的理念来定义的。

学习空间是为增强幼儿的体验式学习而创设的，是为建立幼儿与自我、与他人，以及与自然的互动而创设的。学习空间投放的资源可以是材料、各种背景的人（如访谈专业人员）、不同的地点（如走访社区、虚拟空间），甚至不同的时间（如季节更替）等。

探究式学习随时随地、在教学计划内外都可能发生。我们认为，能够触发学习的任何情境，自然的与营造的、室内的与户外的、真实的与虚拟的，都属于学习空间范畴。

探究式学习的核心是幼儿主导学习，探究式学习空间的最大特征是一切以尊重幼儿能动性为中心，以持续诱发幼儿的探究欲、激发创造力为目的。幼儿的探究欲决定了学习的质量，探究欲、好奇心、冒险、创造……，这些品质与情绪相关，与智力相关。怎样的学习空间能够充分激发幼儿的求知欲，给幼儿的试错以最大限度的信任，让幼儿拥有探究的安全感？这对学习空间创设提出了新的心理层面的要求。因此，探究式学习空间由两部分构成——心理空间和物理空间。

（一）心理空间的创设

1．安全的情感空间与智力空间

心理空间实际上是由师幼、幼幼的人际关系构成的，其中情感关系尤为重要。探究式学习需要安全的学习氛围。如果我们想要让幼儿构建成长型思维，那么幼儿就需要一个安全的、容许犯错的心理环境。某种程度上可以说，什么样的师幼关系决定了教室里存在什么样的探究文化。

在探究式教学里，我们尤其强调教师的探究者形象和成长型心态。

要激发幼儿的好奇心，教师首先要对世界充满热情与好奇，要大胆地表达自己的情感和思考：我的好奇是什么？要敢于承认自己的困惑和面临的挑战，时刻和幼儿一起调整探究计划，敢于直面幼儿的质疑。

要让幼儿成为协作者，教师首先要学会和幼儿平等协作。师幼共建课堂准则，共同制订学习计划，一起商定解决问题的方法，建立平等的协作关系。

探究型教师需要具备成长型心态。在面对真实世界的未知问题时，教师和幼儿是站在同一起跑线上的。教师不提供权威的答案，教师也是探究者。教师和幼儿一起通过各种方式探究问题，用对话的方式让幼儿感知到你对他（她）的悦纳。

与此同时，教师是先行者，是引领者，在和幼儿的交谈中要用教学语言，使用能够把幼儿引向探究领域的术语和概念；课堂上能够运用高质量的对话和追问，促使幼儿深度思考；能够借助可视化思维工具，让思维过程可见。教师是学习活动的组织者和协助者，是幼儿学习的促进者和反馈者。教师要保持对每一个幼儿的关注，阶段性地反思师幼关系。因此，心理空间除了情感氛围的营造，也是一个充满智慧的空间。在这样的学习空间里，师幼谈笑风生，享受发现和创造带来的快乐。

2．平等而独立的协作空间

探究式学习是基于协作的学习。幼儿需要独立学习、得出结论，更需要交流协作、相互激发，一方面要倾听、理解他人的观点，另一方面需要得到同伴的有效反馈，在反思中获得成长。（见图2-8）教师应尊重幼儿的差异，因为差异，才避免了同质性；要接纳分歧，有分歧才有尊重、磋商、解决分歧的机会。

图2-8　协作学习

所以，课堂就是一个学习社区，学习者需要的不是同质化，而是差异化。尊重不同的学习风格、学习方式，尊重多样化的观点，从而丰富我们的学习资源——让学习者彼此成为对方的学习资源。

（二）物理空间的创设

1．室内空间

大观念教学是目标明确的教学，是以人的培养目标为核心的教学。在幼儿园内，我们的培养目标始终处在最显眼的位置。

大观念教学是一个长程的学习过程。在长达一个月甚至更长的学习周期里，如何让教师和幼儿始终明确我们要往哪里去，我们已经走到了哪里？用探究六循环的流程图来展示大单元图谱显得尤为必要。

　　教室的布置是由教师与幼儿共同完成的。墙壁上张贴的并非值得"炫耀"的学习成果，而是单元计划、成功标准以及探究循环各个环节中表征幼儿理解的图表，这些构成了大单元的行动地图，目的是让幼儿随时鸟瞰大单元学习的全局，明确目前走到了哪里，方便查看并调整学习进程。（见图2-9）

图2-9　教室陈列墙——大单元图谱

　　在学习初始阶段，教师会精心营造学习空间，投放各种材料，激发幼儿的游戏兴趣。

　　幼儿在学习过程中可以选择让自己舒适、自在的空间展开探究：课桌、矮桌、地板、地毯、走廊……。小组成员也由幼儿自由选择和组合，教师不会强制安排，因为幼儿是学习的主体。当然，这一切都是在安全有保障的前提下进行的。

　　随着学习的展开，幼儿的过程性学习成果也进入了班级的区角，成为学习资源的重要组成部分。

　　资料墙、问题墙、反思墙占据了教室墙面的半壁江山。幼儿的问题、作业等都成为彼此的学习资源，供大家随时浏览旁批，以便听到尽可能多的同伴的反馈。（见图2-10）这个举措打破了教学时间的限制，让学习无时无刻都在发生。

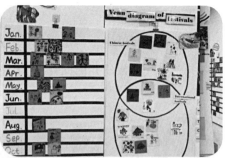

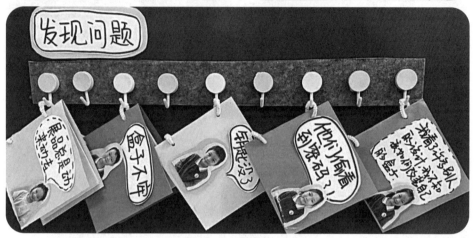

图2-10　过程性学习成果

　　图书馆和室内阅读区是随时开放的，教师还会根据学习单元的内容尽可能多地提供学习资料，并且以可以与幼儿展开互动的形式投放，以支持幼儿的游戏式和体验式学习。（见图2-11）

图2-11　阅读区

2．户外空间

在大观念教学中，自然资源是丰富的课程资源。教师应巧妙地利用园区内外的自然空间激发幼儿的探究欲。（见图2-12）

图2-12　户外学习空间

科学设计的学习空间和丰富的教学资源能够最大化地调动幼儿的主观能动性，产生意义深远的教育成果，即培养出乐学善思、具有国际情怀和善于交往协作的学习者，他们能够给自己以及他人的生活带来积极的影响，并拥有获得幸福的能力。

人与自我

第三章　入托与适应：我上幼儿园

第四章　成长与变化：你好，小学

第五章　艺术与表达：艺术小玩家

入托与适应：我上幼儿园

单元主题	入托与适应：我上幼儿园
超学科主题	我和自己
单元大观念	人们通过认识自己的身体和情绪，与周围人建立良好关系，以适应新环境
单元大任务	派对时光
设计者	张玮 董婧 安茜

表3-1 单元概览——目标与评估

单元主题：入托与适应：我上幼儿园			
探究内容：自我与适应	适宜年龄：托班	核心素养：会交往、乐生活	探究时长：6周
创作团队：张玮、董婧、安茜		本质问题：如何适应新环境？	
超学科主题： 我和自己	超学科概念： 形式、关系 相关概念： 自我、角色、秩序		领域概念： 动作与习惯——情绪调节、自我服务 语言与沟通——倾听、表达 情感与社会——人际交往
大观念：人们通过认识自己的身体和情绪，与周围人建立良好关系，以适应新环境			
幼儿将知道的知识（K） 1. 自己的五官和身体特征（动作与习惯） 2. 自己的基本情绪（动作与习惯） 3. 表达自己需求的语言和动作（语言与沟通）		幼儿将发生的概念性理解（U） U1：我的身体可以帮助我做事、爱别人、感受他人的爱 U2：我可以调节自己的情绪并和他人建立良好的关系	

4. 同伴交往的恰当方式，简单的是非观念（情感与社会） 5. 幼儿园的环境和秩序（情感与社会）	**幼儿将具备的能力（D）** **社交和情感能力** ● 能在成人的安抚下让自己平静下来 ● 初步能在集体中有序地生活 ● 能识别自己的基本情绪，初步用合理的方式表达情绪 **交流、协作和资讯科技能力** 愿意在集体生活中表达自己的需求并学习倾听他人

探究线索：
线索1：我的身体和情绪（形式、关系）
线索2：我和他人的关系（形式、关系）

单元大任务：派对时光
子任务1：探秘我的身体
子任务2：认识我的情绪
子任务3：做棒棒的自己
总结性评估任务：派对时光

一　单元概览

（一）为什么学习这个单元？它对幼儿有怎样的重要意义？

入托意味着幼儿从熟悉的家庭环境到陌生的托班环境，从依赖的亲子关系到新的老师和陌生的同伴，从宽松自由的家庭作息到稳定有序的集体生活，不可避免地会出现分离焦虑，这些对他们来说无疑是巨大的挑战。

《上海市0—3岁婴幼儿发展要点与支持策略（试行稿）》中指出，2—3岁的幼儿需要不断从养育者的照料与互动中稳固安全依恋关系，同时对同伴的兴趣有了迅速而稳定的提高，不可避免地会出现最初的社交冲突，不得不面对调整情绪。当幼儿开始知道自己是有能力的，并产生了被人尊重的愿望，一个具有初步自我意识、自我服务能力和学习交往能力的幼儿就诞生了。

本单元将幼儿入托后应对分离焦虑、构建自我服务能力、建立和他人安全信任的关系以及适应有序的托班生活作为探究的重点。通过温馨有序的家庭化的环境、能玩起来的活动以及做得了的小事等支持幼儿在一日生活中循序渐进地建立归属感和自我效能感。在单元探究中顺应托班幼儿自我意识发展的需求，满足他们对探究自己身体的浓厚兴趣，支持他们发现四肢与感官不同的特点与作用，从而帮助幼儿完成想做的事情。尊重处于秩序敏感期的幼儿，让他们在有秩序的幼儿园生活中逐步实现自我服务，能够表达自己的情绪、学着调节对环境的反应，从而逐渐走向自主。

（二）本单元探究内容所属领域的核心素养是什么？所属领域的大观念是什么？

本单元指向的核心素养是"会交往、乐生活"，所属的社会领域的大观念是"自我与适应"，聚焦于"自我、角色、秩序"这三个概念。幼儿通过初步探究身体和五官、表情与情绪等，识别自己的情绪及其对他人的影响；理解并接纳自我的感受，尝试倾听并同理他人的感受，用合理的方式表达感受与需求，适应环境。因此，我们提炼的单元大观念为：人们通过认识自己的身体和情绪，与周围人建立良好关系，以适应新环境。

（三）延伸出的核心任务和核心教学策略是什么？

大观念决定大任务，我们设计的单元大任务为"派对时光"。与此同时，大任务衍生出了四项子任务：子任务1——探秘我的身体；子任务2——认识我的情绪；子任务3——做棒棒的自己；总结性评估任务——派对时光。子任务的具体活动设计在教学中不断调整，以平衡预设和生成的关系。本单元的核心教学策略主要有以下三点。

一是游戏性。通过娃娃家、小厨房、建构乐园等区角，让幼儿在自主游戏中发展抓握等小肌肉动作；在户外的运动区域中以游戏化的方式激发幼儿参与平衡、走、爬等大肌肉运动的兴趣；以幼儿容易理解的方式，如"发现情绪小怪兽""情绪不是坏东西"等探究情绪。

二是个别化。年龄越小的幼儿，差异性越大，也越需要个别化的支持与引导。通过创设小脚印、小动物等富有萌趣且简易的生活标识和差异化的生活环境等来支持处于不同生活自理水平的幼儿更好地照顾自我，增强自我效能感，降低分离焦虑。例如，在盥洗室设置自动洗手液是为了方便那些精细动作有待发展的幼儿，而放置按压式洗手液是为了满足精细动作发展较好且愿意自我尝试的幼儿。

三是家园共育。在幼儿入托之前通过"入园预备"的活动做好关于幼儿的生活习惯、情绪表达、社交方式、兴趣爱好等方面的调研，提前给家长推送简单实用的入托准备小妙招，如亲子正念游戏等。入托后通过"入园成长100天"等家园活动建立信任的家园合作关系，与家长就教育理念与方式达成共识，缓解家长和幼儿的分离焦虑，更好地让幼儿逐渐走向独立自主。此外，设置家长安抚疗愈站，支持家长用合理的方式与孩子告别，同时给家长的分离焦虑情绪以抚慰。

（四）结合整个探究计划图谱，本单元与前后单元的勾连关系如何？

在学前阶段的课程图谱中，围绕"我和自己"的超学科主题，我们聚焦幼儿"自我与适应"的探究，帮助幼儿发现"我"自己的特性以及与他人的不同，使其在与新情境下的老师、同伴、玩具、活动、环境等互动的过程中感知自己对他人的影响，尝试使用自己学会的本领，和朋友一起情绪稳定地适应集体生活。升入小班后衔接的主题是"家庭"，该主题更侧重于"角色与责任"，强调在"自我与适应"的基础上、在"家庭"情境中了解自我角色的意义，共建良好的家庭关系，为家庭做出自己的贡献。在中班，幼儿通过对自己身体构造和功能的探究，形成健康的生活习惯。大班的幼儿在对"成长"的探究中，丰富对自己变化的认识并采取积极行动以适应环境。

二　大观念的生成

（一）用超学科主题确定学习的意义

在大观念课程框架中，超学科主题是组织课程内容的重要工具，不仅用于制订整个幼儿园的探究计划，而且指向了全球具有重要性的六大问题，为探索真实世界有意义的主题提供了着力点。本单元属于"人与自我"维度中的"我和自己"的子主题。这个案例聚焦的细则是：运用身体的各个感官对环境进行探索，认识到自己的独特性，初步和他人建立良好关系。

入托适应是家园社共同关注的主题，从家庭到幼儿园的一小步，也是幼儿从家庭走向社会的一大步。大观念课程通过超学科主题的聚焦，把探究指向了理解自己的独特性，从而更好地适应环境。

表3-2　对标材料分析

《上海市0—3岁婴幼儿发展要点与支持策略（试行稿）》		超学科主题	学习的意义
发展领域	关键经验		
动作与习惯	● 主动表达如厕要求 ● 会自己洗手 ● 穿脱简单外套和没有鞋带的鞋子 ● 会一手扶碗一手拿勺子独立进食 ● 对自己的身体产生认知的兴趣，发现身体不同部位的特点与作用 ● 可以接受短暂的亲子分离，可以表达基本情绪	我和自己	指向对自我本质的探究。了解自己的身体、需求、成长变化、角色身份、责任与服务以及健康的生活方式；对人际关系、生命意义的理解和探究；形成自我价值感和社会归属感
语言与沟通	● 基本能理解日常的生活用语 ● 能听懂两个以上连续动作的指令，会按要求执行 ● 会在肢体动作的辅助下主动用语言表达自己的需要 ● 在成人的引导下尝试用简单的词语在集体面前表达自己的感受或喜好		
情感与社会	● 愿意帮忙做事 ● 喜欢和同伴一起玩儿，有时会和同伴分享自己的玩具 ● 尝试接纳、信任新环境，对集体生活的秩序产生兴趣		

（二）用概念视角统整知识与技能

在梳理学前儿童学习与发展核心经验的过程中，我们发现："自我"和"秩序"可以融合"动作与习惯"以及"语言与沟通"领域的自助与习惯、倾听与理解、模仿与表达；幼儿在成人帮助下逐渐实现自理，能够尝试用简单的词语在集体生活中表达自己的需求，在倾听他人需求的同时尝试表达自己的感受或喜好。"角色"可以融合"情感与社会"领域的情绪调节与人际交往，促使幼儿尝试辨别自己的情绪，用合理的方式表达情绪，和他人建立信任关系以适应集体中有序的生活。

这些相关概念指向了八大概念的"形式"和"关系"，据此生成了单元的两条探究线索。

线索1：我的身体和情绪。（形式、关系）

线索2：我和他人的关系。（形式、关系）

探究线索框定了本单元的探究范围，围绕这两条线索组织探究活动，幼儿将形成以下理解。（见表3-3）

表3-3　概念整合学科知识

幼儿将知道的知识（K）	幼儿将发生的概念性理解（U）
1. 自己的五官和身体特征（动作与习惯）	U1：我的身体可以帮助我做事、爱别人、感受他人的爱（形式、关系）
2. 自己的基本情绪（动作与习惯） 3. 表达自己需求的语言和动作（语言与沟通） 4. 同伴交往的恰当方式，简单的是非观念（情感与社会） 5. 幼儿园的环境和秩序（情感与社会）	U2：我可以调节自己的情绪并和他人建立良好的关系（形式、关系）

综上所述，我们用图3-1来表示概念的层级及其关系。

（三）明确要培养的探究能力

1．社交和情感能力

● 能在成人的安抚下让自己平静下来。

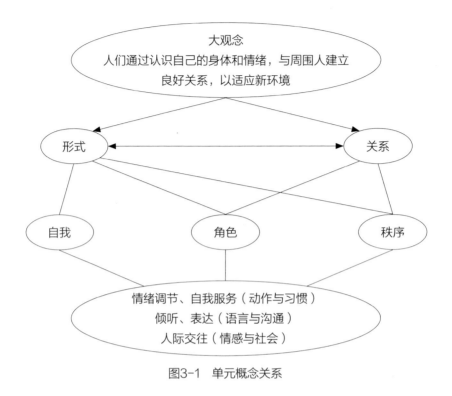

图3-1 单元概念关系

- 初步能在集体中有序地生活。
- 能识别自己的基本情绪，初步用合理的方式表达情绪。

2．交流、协作和资讯科技能力

愿意在集体生活中表达自己的需求并学习倾听他人。

（四）设计育人目标

品格培养需要在实践中完成。任务的确定和对探究能力的定位，决定了本单元对幼儿品格、价值观的培养方向是：会交往、乐生活。

以"会交往、乐生活"为例，本单元要收集的证据如下。

幼儿在各种游戏和一日生活中感知身体不同部位及其功能，学习洗手、穿鞋等生活小技能，在和老师及同伴的互动中建立安全感。在"发现情绪小怪兽""情绪不是坏东西""赶走情绪小怪兽"等活动中，幼儿感知自己的情绪并尝试调节情绪，探索能让自己开心起来的办法。在整个探究活动中重点观察幼儿对"我"的认知，通过对五官的了解以及身体协调性的发展，帮助自己实现"我想""我要"的愿望。在有趣的活动和丰富的材料操作中体验认识新的环境和自己，感受老师和同伴对自己的关爱，愿意和同伴一起玩，可以关心同伴；能独立完成吃饭、洗手等小事，可以融入有序的集体生活中。

我们用图3-2来展示大观念生成的路径。

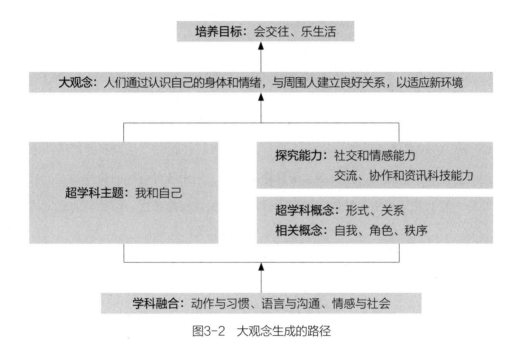

图3-2　大观念生成的路径

三　大任务的创设与评估

（一）大任务的设计

1. 大任务的设计依据

面向托班幼儿开展的大任务有其独特性，是在对幼儿的观察互动中不断调整的。对托班幼儿来说分离焦虑不仅仅是因为离开了熟悉的环境和家人，他们在新环境中能否在老师的帮助和支持下生活自理也是影响他们情绪的一个非常重要的因素。对于托班幼儿来说，他们使用自己的五官和四肢探索新的环境，在起伏的情绪中表达自己的需求。在他们和老师建立起较为稳定和信任的关系之后，他们在环境中探索的范围更大了，能在标识的指引下逐渐完成自我服务；当他们能独立盥洗，能把玩具归位的时候，他们逐渐感受到自己的力量。幼儿在总结性评估任务"派对时光"中能情绪稳定地融入幼儿园的一日生活，不因爸爸妈妈的到来而情绪不稳定，表明幼儿的大观念已经建构起来了。

2. 大任务的设计原则

对于入托适应期的托班幼儿来说，活动的相关性和趣味性贯穿整个大任务的设计始终。无论是入托前家庭开放日的互动，"探秘我的身体"中对身体"洞洞"的探究以及采用多种材料动手烹饪大餐，还是在"认识我的情绪"中用多感官和柚子互动，抑或在"做棒棒的自己"中用各种有趣的情境如寻宝游戏等引发幼儿动起来，都切实体现了活动的相关性与趣味性，能吸引幼儿主动参与。

在"做棒棒的自己"的活动中，教师设计了持续多日的运动嘉年华活动，以全天真实性场景的生活体验及丰富的互动形式，让幼儿熟悉环境、老师和同伴，使其感知幼儿园与家庭的不同。该项活动的重点在于观察幼儿是否能尝试去接纳、信任新环境，并用积极、热情的态度参与活动。总结性评估任务是"派对时光"，邀请爸爸妈妈来幼儿园观摩孩子的半日生活，幼儿和爸爸妈妈一起游戏，共同度过特别的派对时光。教师重点观察幼儿对集体生活是否有了初步的感知与体验，能否自我照顾，是否和小伙伴一起情绪稳定地在集体中有序生活，不受到场内爸爸妈妈出现的影响。（重要性和挑战性）

（二）大任务的评估

对托班幼儿大任务的评估以形成性评估和总结性评估为主。

1. 形成性评估

表3-4 形成性评估

月龄	事件	孩子想	背后原因	教师想	教师跟进
24	 送餐盘	我不想自己送餐盘，我怕端着盘子撒了，在家都是妈妈收拾盘子的，我从来不收拾	该幼儿是班级里月龄最小的，刚进入集体生活有些紧张，不愿意尝试一些需要独立完成的事情	虽然该幼儿是最小的，但是端餐盘和送餐盘是比较容易独立完成的事情，而且当能独立完成时，幼儿也会有成就感，所以教师一开始先手把手教幼儿双手捏住哪里，带他试一试，再鼓励他独立试一试	在之后的时间，老师持续关注该幼儿送餐盘的情况，几天时间内，该名幼儿就可以独立完成送点心餐盘了，老师给予了他很大的鼓励；之后的午餐环节送餐也继续鼓励该幼儿独立尝试，并继续鼓励幼儿独立擦嘴和漱口，该幼儿越来越自信了，能更多地参与帮助收纳、整理班级玩具等活动
27	 我要找妈妈	我想回家，我想找妈妈，我不想在幼儿园和不熟悉的老师、小朋友在一起	该幼儿是双胞胎中的弟弟，第一次离开妈妈，分离焦虑比较严重	该幼儿语言表达能力比较弱，说话吐字不清且以哭为主，在情绪情感上的需求会比其他孩子更高些，情感更细腻，对环境变化更敏感，需要更多的关注和陪伴，在有微表情变化时需要老师将自己观察到的情况描述出来，孩子觉得自己的感受和状态被理解和接纳了，情绪就会逐渐稳定下来	和家长沟通在家增加阅读时间，面对着幼儿说话，通过多询问和示范的方式，给幼儿更多自我表达的机会；在学校随时关注该幼儿的状态，随时陪伴、及时安抚，邀请其他幼儿一起拿纸巾、擦眼泪、拿玩具来安抚该名幼儿；示范其他幼儿用语言说一说："你是想妈妈了，对吗？没关系，我们陪着你。"
30	 老师我下不来	"老师你来帮帮我！我一个人不敢爬这个梯子，不敢滑这个木头滑梯。"	该名幼儿下半身不太稳定，容易踮脚走路，涉及整个身体配合完成的相对复杂的动作时就会感到害怕、不自信，会呼唤老师协助	该名幼儿的身体协调能力需要锻炼，教给该幼儿"先放一只脚到前面，双手扶住并坐稳，再把另外一只脚转到前面来"的方法，在需要时先给予少量协助	之后设置其他类似需要转身才能完成的器械，邀请该名幼儿反复尝试，经过两个月的练习，该幼儿的身体协调能力明显增强，可以以比较慢的速度独立完成这类器械了

2．总结性评估

通过"派对时光"进行总结性评估，主要观察托班幼儿在半日生活中在成人的帮助下自我照顾、与同伴交往、和老师互动、规则意识以及情绪调节等方面的表现，评估幼儿的入托适应情况。尤其当爸爸妈妈在旁边，他们也能在幼儿园这个空间内有秩序地快乐生活的时候，说明单元目标已经达成。

四 大观念的实施

我们以默多克的探究六循环作为大观念实施的模型，本单元的探究活动安排如下。

（一）进入探究

1．前测

入园前的家庭开放日让幼儿在爸爸妈妈的陪伴下分批次来到幼儿园，提前熟悉幼儿园的角角落落，尤其是自己的教室。老师通过游戏和幼儿互动，既能消除幼儿对环境的陌生感，又能创造观察幼儿的契机。老师在做好观察记录的同时，与前期的调研资料（关于幼儿生活习惯、家庭结构、家庭关系、教养方式和家庭文化等方面的问卷调查）进行比对，完善每名幼儿的成长档案。以上准备工作为后续的入托适应教学提供了重要依据。

2．提出并定义问题

入园之初，老师继续通过观察收集幼儿的行为证据，为教学计划的调整提供一手资料。随着托班幼儿自我意识的增强，幼儿对自己的身体部位与功能的探索兴趣与日俱增，并渴望与周围世界建立连接。但由于他们缺乏安全感，经常表现出不敢轻易尝试、害怕、退缩……；由于他们还未摆脱自我中心，难以理解他人的观点和情感，往往会出现争抢玩具、推倒同伴等现象；还有些孩子出现哭闹、咬人、远离人群等行为。以上幼儿的真实反应，证明了前期教学设计的合理性：更好地帮助幼儿认识自己、了解情绪、调节情绪，提升能力，以更好地适应新环境。

3．制订计划

在充分分析幼儿基本情况的前提下，教师制订单元探究计划，并分步实施教学。

（二）探究发现

1．学习目标

（1）概念性理解

U1：我的身体可以帮助我做事、爱别人、感受他人的爱。

U2：我可以调节自己的情绪并和他人建立良好的关系。

（2）探究能力

社交和情感能力，交流、协作和资讯科技能力。

2．学习活动

（1）激发问题

我可以在这里做什么？我们的身体可以做什么？

（2）完成子任务1：探秘我的身体

线索1：我的身体和情绪。（形式、关系）

线索2：我和他人的关系。（形式、关系）

（3）活动安排

通过"欢迎来到小Q家园"、"四肢与五官"和"一起做饭吧"三个活动，让幼儿在温馨友爱的新环境中充分地调动自己的身体部位与感官。通过身体认知自己，探索环境，愿意接受老师的安抚，能和同伴玩耍。

活动1：欢迎来到小Q家园

在班级教室旁边有"家"的各种元素，在最能象征"家"的房子旁和爸爸妈妈留下一张开启集体生活篇章的纪念照，邀请小朋友把自己的照片贴在"全家福"上。小朋友在和身着可爱有趣的卡通服装的"猪爸爸"、"猪妈妈"和"佩奇"在客厅、厨房和卧室互相问好之后，分别会拿到"交朋友""吃好饭""睡香香"的约定卡。入园后"小猪佩奇"一家还会进入班级教室通过欢乐的韵律歌舞和小朋友们互动。这个活动旨在建立幼儿自我和集体的联系。

图3-3 "欢迎来到小Q家园"活动照片

活动2：四肢与五官

探索身体的秘密。

朵朵：我手上有骨头。

乐乐：没有骨头就站不住。

皮皮：老师，鸡也有骨头！

豌豆：我的长头发可以扎辫子。

小川：我的手可以拿东西吃。

量一量身高，在身高尺上做好标记，引导幼儿发现自己的身高与别的小朋友不一样，引发幼儿关注自己的身体并且意识到自己和他人的不同。

在五官游戏和小圆圈活动"照镜子"中感受眉毛、嘴巴、耳朵、鼻子、眼睛的本领大。在轻松有趣的律动操"我的身体会响""我的身体"等中探索身体的不同部位。以"身体里的洞洞"为话题，在圆圈活动中让幼儿在好奇中认识身上有"洞"的器官及其功能，了解自我保护的基本方法，同时为下一步学会自己的事情自己做打下基础。

图3-4　"身体里的洞洞"海报

🎧 **活动3：一起做饭吧**

"小厨师"用各类好玩的感官材料，切切蛋糕、揉揉面团、夹夹蔬菜，做出了各种各样的"美味"，他们用自己的双手大胆"创造"，完成了一次"烹饪盛宴"。这个游戏既加强了幼儿与同伴的关系，也增强了其动手能力。

图3-5　幼儿当"小厨师"

3.教学策略

该环节使用的主要教学策略为角色体验与动手操作。

（三）梳理建模

1．学习目标

（1）概念性理解

　　U1：我的身体可以帮助我做事、爱别人、感受他人的爱。

　　U2：我可以调节自己的情绪并和他人建立良好的关系。

（2）探究能力

　　社交和情感能力，交流、协作和资讯科技能力。

2．学习活动

（1）激发问题

　　为什么会哭？今天是什么样的心情？

（2）完成子任务2：认识我的情绪

　　线索1：我的身体和情绪。（形式、关系）

　　线索2：我和他人的关系。（形式、关系）

（3）活动安排

　　从"我的情绪小怪兽"切入，通过"情绪墙"和"情绪收纳盒"等将幼儿内在的情绪具象化，帮助幼儿更好地认知和调节情绪。"怪兽游园"让幼儿在亲身观察和体验中对幼儿园这一空间有了深入的探索，对环境的安全感增强了。"'柚'来玩"通过对不同材料的投放，让幼儿在动手操作中制作出有着不同心情的柚子宝宝。

活动1：我的情绪小怪兽

　　托班幼儿入学适应最大的挑战就是和熟悉的亲人分离所造成的情绪困扰。教师通过提出"我现在的感觉怎样？我为什么哭？我什么时候会感到开心？我什么时候会感到害怕？"等问题，引入《我的情绪小怪兽》绘本故事人物，和幼儿聊一聊他们的情绪。

　　芒果说："打雷的时候我就害怕！"

Eden说："我搭的城堡倒了的时候我就伤心，还有点生气！"

小川说："我在玩玩具和吃冰激凌的时候会感觉很开心。"

糖果说："我在看《汪汪队》动画片的时候感觉很开心。"

皮皮说："想妈妈的时候我就会难过。"

都都说："有人抢了我的小汽车的时候我就又生气又难过。"

乐乐说："我不会穿鞋子，但是又没有妈妈帮我的时候我就会哭。"

在教室里设置了"情绪墙"，用照片记录幼儿的情绪，让他们对平静、快乐、伤心、愤怒、恐惧等都有了更具象的理解，小朋友们慢慢开始能正视自己的情绪和感受。教师引导他们用不同颜色的贴纸代表不同的心情，并将不同的心情收入不同的"情绪收纳盒"。过一段时间，打开盒子看一看，我们发现大部分的小朋友心情都是高兴的，伤心或愤怒的情绪在慢慢减少。

活动2：怪兽游园

在"怪兽游园"活动中，幼儿通过亲身观察发现幼儿园环境中的标识，在教师的引导下理解标识的含义。例如：在蹦蹦床区域，旁边的小脚印就是提醒应在这里等一等前面的小朋友；水杯按照圆点的位置摆放；小椅子要放在线上；如厕的步骤等。在这个活动中，幼儿对幼儿园的环境更熟悉了，而且还能关注到不同的标识对自己行为的提示作用。

活动3："柚"来玩

恰逢幼儿园柚子成熟的季节，在"柚子滚滚""柚子颜颜""柚子香香"活动中让幼儿感受并发现自己身体各部位的功能，例如：我们的鼻子能闻到柚子的香气；我们的眼睛可以看到柚子的颜色和形状；我们可以用身体不同部位通过"抬、滚、踢、拍"等动作和柚子宝宝玩游戏；我们还可以用灵巧的小手装饰柚子；回到家还可以在工具的帮助下用手剥开柚子，用舌头尝一尝柚子的味道。

3. 教学策略

该环节使用的主要教学策略为动手操作和讨论交流。

图3-6 "柚"来玩活动照片

（四）深入探究

1. 学习目标

（1）概念性理解

U1：我的身体可以帮助我做事、爱别人、感受他人的爱。

U2：我可以调节自己的情绪并和他人建立良好的关系。

（2）探究能力

社交和情感能力，交流、协作和资讯科技能力。

2. 学习活动

（1）激发问题

我可以自己吃饭吗？我跑得快吗？

（2）完成子任务3：做棒棒的自己

线索1：我的身体和情绪。（形式、关系）

线索2：我和他人的关系。（形式、关系）

（3）活动安排

通过有韵律感的儿歌以及游戏化的情景等方式，让幼儿在每天的餐点和活动中慢慢学会用餐四部曲和四步洗手法，在自我服务中感知棒棒的自己；幼儿在大力日、跑跑日、爬爬日里，在自然而具有童趣的运动环境中，感知不同身体部位的协调，体验与同伴一起运动的快乐。

活动1：用餐四部曲

"自主取餐—自己吃饭—饭后擦嘴巴—饭后漱口"，小朋友通过观看用餐视频和照片一起说一说怎么吃饭才能让衣服保持干净。通过小蓝点来教兔宝宝吃饭的游戏，引导小朋友吃饭的时候肚皮要贴近小蓝点，一手扶盘子一手拿勺子，细细嚼慢慢咽。这个活动不仅让小朋友学习了正确的坐姿、正确的握勺方法，还让他们学习了正确的擦嘴巴的方法和漱口的方法。小朋友在用餐四部曲中感知身体不同部位的功能，体会自我服务的乐趣。

活动2：四步洗手法

一日生活即教育，根据托班幼儿现阶段的动作和认知发展水平，将七步洗手法简化为四步洗手法，在洗手过程中加入儿歌"两个好朋友，手碰手，你背背我，我背背你"。小朋友在简单易懂有韵律的儿歌中自然习得正确洗手的步骤，活动后期他们还会相互提醒不能玩水和泡泡。

活动3："动"起来

大力日：南瓜地鼠哪里跑？小小的人儿翻滚着大大的草垛，将圆滚滚的南瓜运回"家"，神秘的宝藏藏在什么地方啊？我们一起找一找、挖一挖、捏一捏，踮起脚、伸长手、跳一跳、够一够，糖果才能收入囊中！

跑跑日：邀请专业的跑酷教练，在简单的器械上，在幼儿园的建筑上，甚至在平地上，进行着前滚翻、后翻、侧翻、穿越、翻腾的跑酷表演。让小朋友亲眼看到走、跑、跳可以这么厉害、这么酷。

爬爬日：用多样化的材料在保证安全的前提下支持幼儿钻、攀、爬、翻、滚。幼儿可以爬上小桥、滑进落叶池、钻出山洞，还可以爬过草坪、翻滚穿越、投球进碗、向上攀爬力救公仔，等等。

3. 教学策略

该环节使用的主要教学策略为亲身操作与角色体验。

图3-7 "动"起来活动展示

（五）建构理解、知行合一

1. 学习目标

（1）概念性理解

U1：我的身体可以帮助我做事、爱别人、感受他人的爱。

U2：我可以调节自己的情绪并和他人建立良好的关系。

（2）探究能力

社交和情感能力，交流、协作和资讯科技能力。

2. 学习活动

（1）激发问题

什么时候可以玩玩具？

（2）完成总结性评估任务：派对时光

线索1：我的身体和情绪。（形式、关系）

线索2：我和他人的关系。（形式、关系）

（3）活动安排

● 总结整理

在一个多月的入园生活中，幼儿逐渐能自己或在成人的帮助下穿脱鞋子、提裤子，能自己用杯子喝水和用勺子吃饭。在小圆圈和区角活动中了解了自己的身体部位并且不断用身体和动作与环境以及周围的人进行互动。面对和爸爸妈妈的分离，幼儿哭的次数减少、时间变短，但还有个别幼儿在情绪上有反复。

● 成果展示

在主题探究的尾声，邀请爸爸妈妈前来观摩并参与一场快乐的时光派对。小朋友可以展示自己在幼儿园学到的本领，让爸爸妈妈看到"我"是如何与老师同伴一起愉快地在集体中生活的。幼儿可以和爸爸妈妈一起在户外蹦蹦跳跳，爬山坡、滑滑梯……，还可以邀请爸爸妈妈一起玩"娃娃家"。

3．教学策略

该环节使用的主要教学策略为家园共育和真实情境表现。

五　教学反思

（一）教前反思

1．基于单元目标的反思

入托不仅是幼儿生活的第一个重要转折事件，也是他们进入幼儿园的第一个单元探究活动，更是他们对家之外的周围环境建立安全感和信任感的起点。本单元的重点是帮助幼儿在对自己身体和情绪进行探索的基础上，逐渐形成对老师和同伴的信任，在成人的帮助下独立完成小事，适应规律性生活。教师对每一名幼儿的关注，对幼儿需求的敏锐察觉以及尊重式的回应和富有变化的组织，让幼儿对教师产生信任与依赖，这是本单元顺利开展的重要因素。

要帮助幼儿更好地适应幼儿园的生活并初步建立良好的生活习惯，形成教育合力至关重要。教师通过面对面、家长会、家庭开放日、线上沟通、来离园等多渠道与家长进行沟通，以尊重家长的建议、理解家长的担忧、分享幼儿成功故事等方式与家长达成一致的教育理念，实现家园共育。

2．基于学情的反思

从家庭走向幼儿园，是幼儿成长历程中第一个重要的环境转换。对托班幼儿来说离开自己的爸爸妈妈和熟悉的环境，与亲人分离的焦虑、对陌生环境的不适应以及来自集体生活中的诸多困难是他们面临的挑战。

（二）中期反思

针对幼儿的兴趣与疑问，我们如何回应以支持幼儿的自主探究（差异化教学）?

（1）动态调整——融合预设和生成

单元的实施过程是梳理幼儿经验获得的过程，也是主题活动开展的动态导向图，在主题活动的开展过程中，活动内容会根据幼儿实际情况紧扣单元目标进行动态调整。在班级老师的支持引导下，幼儿的经验实现了从片段到归纳、从分离到整合的变化，老师及时捕捉幼儿一日学习生活中的教育契机，灵活应对幼儿的需求。

（2）环境标识——支持自主与独立

设计明确的区域标识，在教室的不同功能区，如盥洗室、图书角、玩具区等，配备清晰且富有童趣的标识，如接水喝水、排队、和玩具宝宝收纳等帮助幼儿在各区域逐渐摆脱对成人的依赖，实现自我服务。除了在一日生活中自然渗透自我服务的意识，还可以通过角色扮演的方式在游戏情境中让幼儿根据标识进行自我服务和管理。

（三）教后反思

1. 我们的教学策略在多大程度上帮助了幼儿的理解？

（1）充分调动托班幼儿身体和感官来探索自我与环境

通过高低结构材料的投放，让幼儿充分摆弄不同质地、形状、大小和颜色的材料，如积木、沙子、水、黏土等，幼儿用自己身体的不同部位和感官进行触摸、抓握、捏、揉等，促进手部精细动作和手眼协调能力的发展。在大运动区域，幼儿通过爬、跳、跑、走平衡木、玩滑梯等促进大肌肉发展和动作协调。而"'柚'来玩"的活动兼顾了幼儿大小肌肉的锻炼，让幼儿在动作中不断建构对自我和环境的认知。

（2）一日生活情景化探索与学习

我们将教室的游戏区域设计成家庭化的场景——娃娃家中有浴室、餐厅、书房等，这样的环境会激发幼儿调动很多生活经验，也多了一份安全感。幼儿在这样的环境中更能玩得起来。我们还将常规生活融入区角，如：分餐游戏——锻炼用餐能力，装扮游戏——锻炼自己穿脱衣物和鞋子的能力等。托班幼儿单元主题的探究需要融于日常活动的每一个环节，比如自理能力培养就体现在穿脱鞋袜、晾衣服、握勺子等一日生活元素上。

2. 哪些主要证据证明了幼儿发展了对KUD的理解？

幼儿在为期一个多月的入托适应中逐渐发展出会交往、乐生活的核心素养。大部分幼儿从最初入园的哭哭啼啼到嘴角微微上扬，能够主动在各个区角寻找各种好玩的玩具，在小圆圈活动中不再站得远远的，而是融入圆圈听一听、看一看、说一说；从可能会因为玩具和同伴发生冲突，到在小朋友走平衡木有点害怕时主动牵起小朋友的手；从刚开始倔强地站在餐桌前不愿吃点心，到现在常常大喊着"我还要吃……，我还要加……"。在"派对时光"中，幼儿能不受家长在场的影响，情绪稳定地融入幼儿园生活，能表达自己的需求，可以和老师抱抱，与同伴握手，能独立完成如厕、喝水等小事，能和同伴一起享受幼儿园的快乐时光。

第四章

成长与变化：你好，小学

单 元 主 题	成长与变化：你好，小学
超学科主题	我和自己
单元大观念	人们通过认识自己而成长，并采取积极的行动适应环境的变化
单元大任务	小学，我来了
设 计 者	陈 茜 安 茜

表4-1　单元概览——目标与评估

单元主题：成长与变化：你好，小学			
探究内容：成长	适宜年龄：大班	核心素养：乐表达、乐生活、会反思	探究时长：10周
创作团队：陈茜、安茜		本质问题：如何采取行动以适应变化的环境？	
超学科主题： 我和自己	超学科概念： 变化、形式、道德 相关概念： 成长、环境、适应		领域概念： 语言——观点、前书写 社会——自我意识、合作、社会认知 健康——情绪管理、生活自理 科学——数量关系
大观念：人们通过认识自己而成长，并采取积极的行动适应环境的变化			
幼儿将知道的知识（K） 1. 自己的身心成长变化（健康） 2. 小学物理环境、作息安排、学习方式（社会） 3. 应对从幼儿园到小学环境变化的方法（社会）		幼儿将发生的概念性理解（U） U1: 身心的变化带来成长 U2: 我们可以增强适应性来应对环境的变化	

4. 对成为小学生形成理性客观的观点（语言）	U3：采取积极的行动适应环境 **幼儿将具备的能力（D）** **批判性和创造性思考能力** ● 回顾自己的成长过程，意识到自己的成长和变化 ● 面对新环境的挑战，幼儿能多角度思考，并从中得到启发 **社交和情感能力** 幼儿了解成为小学生应该掌握的技能后，能制订合理计划，坚持不懈完成任务 **交流、协作和资讯科技能力** 在公众场合中，认真听取信息和他人观点，能大胆表达自己的想法，并让他人理解

探究线索
线索1：感知身心变化成长（变化）
线索2：小学和幼儿园的异同（形式）
线索3：我们采取积极的行动以适应小学生活（道德）

单元大任务：小学，我来了
子任务1：不一样的我——"成长宝盒"分享会
子任务2：调查"小学生活大不同"
子任务3：生活技能大比拼
子任务4："幼儿园好还是小学好"辩论赛
总结性评估任务：准小学生的一天

一 单元概览

（一）为什么学习这个单元？它对幼儿有怎样的重要意义？

从幼儿园到小学是儿童必经的一次重大人生转换，这一转换不仅影响到儿童在小学初期的适应状况，还影响到他们日后对各个阶段转换的适应。2017年经济合作与发展组织（OECD）发布的《强势开端V：幼小衔接》指出要关注幼小衔接的连续性。2021年教育部印发《关于大力推进幼儿园与小学科学衔接的指导意见》，指出要积极推进科学有效的幼小衔接，减缓衔接坡度。2020年上海市教育委员会发布《上海市幼儿园幼小衔接活动指导意见（修订稿）》，指出应引导幼儿园有目的、有计划地开展入学适应性教育，促进每一名幼儿主动、自信、快乐地融入小学学习生活，实现从幼儿园到小学的平稳过渡。

对大班幼儿来说，"上小学"既让他们感到兴奋和期待，又让他们感到紧张和担忧。因为成长，所以能适应环境的变化，而能适应是建立在对行动的落实上。本单元通过"成长"这一探究内容帮助幼儿完成从"我是幼儿园的小朋友"到"我将是一名小学生"的身份转变，让幼儿在体验成长的喜悦中，在对变化的适应中，建构"采取积极的行动适应环境"的大观念。有准备的环境培育有准备的儿童，教师从身心、生活、社交和学习等方面帮助幼儿实现从幼儿园到小学的平稳过渡。

（二）本单元探究内容所属领域的核心素养是什么？所属领域的大观念是什么？

本单元指向的核心素养是"乐表达、乐生活、会反思"，所属的社会领域的大观念是"身份转变"，聚焦于"成长、环境、适应"这三个概念。幼儿通过"成长宝盒"发现过去的自己和现在的自己的变化，更新对自己的认知，为自己的成长感到自豪。在实地参观小学、体验小小课堂、发现幼儿园和小学的异同中，生发对小学生活的向往。教师引导幼儿在技能大比拼中展现自己成长的力量，在辩论赛中学会客观理性看待小学生活，进而采取积极的行动来适应这种变化。因此，我们提炼的单元大观念为：人们通过认识自己而成长，并采取积极的行动适应环境的变化。

（三）延伸出的核心任务和核心教学策略是什么？

大观念决定大任务，我们设计的单元大任务为"小学，我来了"，并结合幼儿已有经验和兴趣设计了五项子任务——不一样的我——"成长宝盒"分享会、调查"小学生活大不同"、生活技能大比拼、"幼儿园好还是小学好"辩论赛、准小学生的一天。

大任务决定教学策略，本单元的核心教学策略主要有以下两点。

一是主体性。面对成长变化的挑战，幼儿是积极的行动者。在核心任务的设计和环境创设中，教师提供多种多样的机会，支持不同幼儿在活动中充分发挥主体性。

二是互动性。无论是分阶段深入小学的体验，还是在幼儿园模拟小学的一天，幼儿在与环境的互动中以及在与小学老师、小学哥哥姐姐的互动中建构对自我以及环境的认知。

（四）结合整个探究计划图谱，本单元与前后单元的勾连关系如何？

在学前阶段的课程图谱中，对"我和自己"的探究是贯穿托班到大班全学段的。托班幼儿在身体感官和环境互动中了解自己的感官并认识周围世界。小班幼儿在"我爱我家"主题下，从"我的小家"到"幼儿园的大家"，探索并了解大家庭中不同人的角色和职责，尝试做力所能及的小事，与他人建立良好的关系。中班幼儿通过对自己身体构造和功能的探究，形成健康的生活习惯。大班幼儿在对"成长"的探究中，丰富对自己变化的认识并采取积极行动适应环境。幼儿对"我和自己"的探究从自身到周围，逐步扩展，对自我概念的建构越来越丰富。在本探究内容"成长"单元之后，还有对"庆典"的探究，幼儿将会举行一场关于"成长"的狂欢节。

二　大观念的生成

（一）用超学科主题确定学习的意义

在大观念课程框架中，超学科主题是组织课程内容的重要工具，不仅用于制订整个幼儿园的探究计划，而且指向了全球具有重要性的六大问题，为探索真实世界有意义的主题提供了着力点。本单元属于"人与自我"维度中的"我和自己"的子主题。这个案例聚焦的细则是：通过不同的关系和环境来了解自己和他人，并承担责任。

"我要上小学了""你好，小学"等几乎是所有大班幼儿面对幼小衔接所必须经历的探究主题，大观念课程通过超学科主题把这一主题探究指向身份转换，聚焦于对自我成长变化的探究。

表4-2　对标材料分析

学前儿童学习与发展核心经验		超学科主题	学习的意义
发展领域	关键经验		
语言	**观点**：尝试用不同的理由来解释证明自己的观点，尊重别人的不同观点 **前书写**：积累并能够书写一些简单的汉字	我和自己	指向对自我本质的探究。了解自己的身体、需求、成长变化、角色身份、责任与服务以及健康的生活方式；对人际关系、生命意义的理解和探究；形成自我价值感和社会归属感
社会	**自我意识**：自己和过去有什么不同，对自己的看法更为全面；相信自己具有完成任务的能力 **合作**：与同伴分工合作，遇到困难一起克服 **社会认知**：对小学这一新的社会环境有所认知		
健康	**情绪管理**：情绪安定愉快，适当地表达消极情绪 **生活自理**： ● 生活方式：主动保护眼睛、热爱运动、按时睡觉、健康饮食 ● 自我照顾：增添衣物，整理收纳自己的物品，使用简单的工具；乐意服务他人		
科学	**数量关系**：能用简单的记录表、统计图等表示简单的数量关系		

（二）用概念视角统整知识与技能

学前儿童学习与发展核心经验和超学科主题只是确定了探究的大方向，概念将架起探究的主要脉络。在梳理学前儿童学习与发展核心经验的过程中，我们发现："成长"可以融合社会领域的自我意识以及语言领域的观点和前书写等；"环境"和"适应"可以融合对幼儿园和小学环境异同的探究以及社会领域中的社会认知与合作、健康领域的自我管理等。

这些相关概念指向了八大概念的"变化""形式""道德"，据此生成了单元的三条探究线索。

线索1：感知身心变化成长。（变化）

线索2：小学和幼儿园的异同。（形式）

线索3：我们采取积极的行动以适应小学生活。（道德）

探究线索框定了本单元的探究范围，围绕这三条线索组织探究活动，幼儿将形成以下理解。（见表4-3）

表4-3　概念整合学科知识

幼儿将知道的知识（K）	幼儿将发生的概念性理解（U）
1. 自己的身心成长变化（健康）	U1：身心的变化带来成长（变化）
2. 小学物理环境、作息安排、学习方式（社会）	U2：我们可以增强适应性来应对环境的变化（形式）
3. 应对从幼儿园到小学环境变化的方法（社会） 4. 对成为小学生形成理性客观的观点（语言）	U3：采取积极的行动适应环境（道德）

综上所述，我们用图4-1来表示概念的层级及其关系。

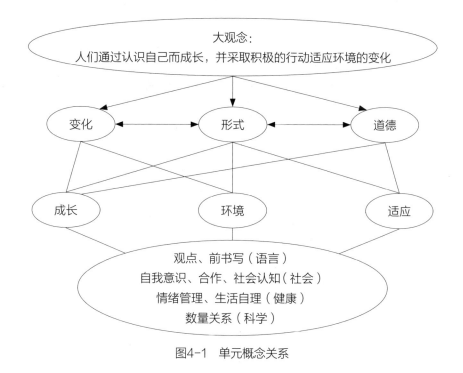

图4-1　单元概念关系

（三）明确要培养的探究能力

1. 批判性和创造性思考能力

- 回顾自己的成长过程，意识到自己的成长和变化。
- 面对新环境的挑战，幼儿能多角度思考，并从中得到启发。

2. 社交和情感能力

幼儿了解成为小学生应该掌握的技能后，能制订合理计划，坚持不懈完成任务。

3. 交流、协作和资讯科技能力

在公众场合中，认真听取信息和他人观点，能大胆表达自己的想法，并让他人理解。

（四）设计育人目标

品格培养通过"做事"来实现。任务的确定和对探究能力的定位，决定了本单元对幼儿品格、价值观的培养方向是：乐表达、乐生活、会反思。

以"乐表达、乐生活、会反思"为例，本单元要收集的证据如下。

乐表达：幼儿倾听同伴分享的成长宝盒的故事，向小学的哥哥姐姐提问，通过建构心目中的小学、制作一本书、辩论等方式表达自己的想法和观点。

乐生活：在一日生活以及技能大比拼中，幼儿能自我服务，如独立穿脱衣服、系鞋带等；作为各种小帮手以值日的方式参与班级管理。

会反思：面对环境和自我的变化能调控自己的行为以适应环境，在准小学生的一日生活中能积极应对新环境中出现的问题。

我们用图4-2来展示大观念生成的路径。

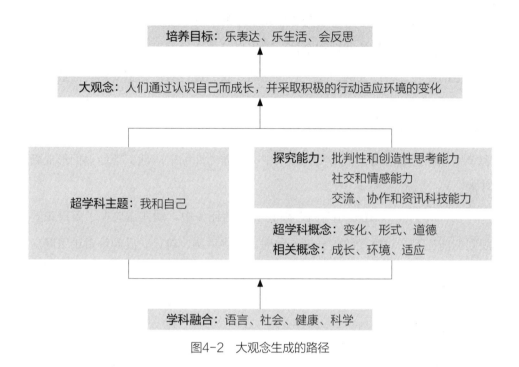

图4-2　大观念生成的路径

三 ▶ 大任务的创设与评估

（一）大任务的设计

1．大任务的设计依据

幼儿对单元大观念的建构是在完成大任务的行动中逐渐实现的。当幼儿能用自己的方式表征出自己在过去几年的成长变化，找到相应的行为表征就是在表现对幼儿园的适应性。当幼儿在了解了小学的新变化，能用行动积极地回应时，就是在表现理解。

2．大任务的设计原则

大任务的设计原则"重要性与挑战性、学科性、相关性与趣味性"贯穿整个探究任务的设计过程。

"不一样的我——'成长宝盒'分享会"，通过照片、视频、三年前我使用过的一样物品等分享对自己身心成长变化的发现，重温成长过程中的欢笑与泪水，分享发现成长的共性和个性，重组自己从出生、上托班到上大班重要成长印记的经验，将过去的"我"和现在的"我"进行对比，感受到自己适应能力的提升。

"调查'小学生活大不同'"和"生活技能大比拼"的任务贯穿集体活动和个别化的区域活动，在真实的场景中去培养幼儿的适应性，帮助他们形成新技能。

在"'幼儿园好还是小学好'辩论赛"的任务中，幼儿需要在了解辩论赛规则的前提下，对收集的信息进行整理，要将举例、对比、反问等辩论策略应用到比赛中。在思辨中，建立对适应的理解。

总结性评估任务"准小学生的一天"，着重评估幼儿适应新环境的具体行为表现。

（二）大任务的评估

我们的评估分为三类：形成性评估、元认知（反思性）评估和总结性评估。

1. 形成性评估

在幼儿园阶段，形成性评估无时不在发生，教学的过程就是教师收集幼儿学习证据的过程，以了解幼儿的理解程度，对学习发展进程进行调整。本单元主要从以下几方面开展形成性评估。

● 在单元开始前使用前期经验调查表"最了不起的成长""小学生活最期待的、最担忧的、最惊讶的"，收集和分析幼儿关于成长与变化的已有经验和兴趣点。

● 在单元探究过程中还使用了"我的成长记录""幼儿园里我学会的本领""小学大探秘"等记录表。

● 让幼儿参与制订学习/单元计划及成功标准，并在学习过程中持续更新标准。标准更新的过程，就是幼儿理解发展的过程。

● 在教室开辟专属的"问题墙"，展示幼儿在探究过程中的问题和想法。随着探究活动的展开，幼儿不断回应问题并提出新的问题，如"为什么要上小学？""小学和幼儿园有什么不同？"等。随着探究活动的深入，幼儿提出的问题也在持续更新，如"如何成为一名小学生？"等，这些问题推动着整个探究进程，体现"困惑—探究—思考"的探究循环过程。

● 通过分析幼儿的建构作品"我心中的小学"以及"幼儿园好还是小学好"辩论赛中幼儿的观点，可以看出幼儿对幼儿园与小学异同的认知，以及幼儿对即将到来的小学生活的情感与态度倾向。

2. 元认知（反思性）评估

元认知（反思性）评估贯穿单元学习的始末。借助拇指法（不懂、求助、懂了）、标签法（今天你学会了什么？有没有什么内容让你感到惊讶？今天所学的东西对你有用吗？）以及等级法等反思工具不断收集幼儿元认知证据。

幼儿通过多种形式的自我记录和介绍，回顾和反思自己的成长过程以及解决问题的过程，这些都在反映幼儿的元认知发展情况。

3. 总结性评估

通过创设"准小学生的一天"的情境，重点评估幼儿面对新环境、新同伴、新老师时的调节适应能力、问题解决能力、反思与规划能力等。

四　大观念的实施

我们以默多克的探究六循环作为大观念实施的依据，本单元的探究活动安排如下。

（一）进入探究

1. 前测与激发

现在的你和刚入幼儿园的你相比有什么变化？你是如何看待自己的变化

的？什么是成长？

在小组活动中，对幼儿在生活、运动、学习和游戏中的成长变化进行回顾与分享。在成长过程中，幼儿身体的变化最为明显，也是最易被衡量的。在区角游戏中，幼儿互相合作，运用多种工具测量身高体重，用雪花片搭建出自己的身高，用小碎石秤出自己出生时的重量。通过动手操作，幼儿将成长变化记录在简单的图表中，以更清晰地"看见"自己的变化。

2. 提出并定义问题

借助前期经验调查表，收集幼儿在"成长与变化：你好，小学"单元想要知道的知识和问题。

3. 制订计划

梳理前期经验调查表，分析幼儿在前测话题展现出的经验、兴趣和困惑，制订单元探究计划。

（二）探究发现

1. 学习目标

（1）概念性理解

　　U1：身心的变化带来成长。

图4-3　幼儿填写的调查表

　　U2：我们可以增强适应性来应对环境的变化。

（2）探究能力

　　批判性和创造性思考能力，交流、协作和资讯科技能力。

2. 学习活动

（1）激发问题

　　我的成长有哪些变化？为什么要上小学？小学和幼儿园有什么不同？

（2）完成子任务1（不一样的我——"成长宝盒"分享会）和子任务2（调查"小学生活大不同"）

　　线索1：感知身心变化成长。（变化）

　　线索2：小学和幼儿园的异同。（形式）

（3）活动安排

活动1：成长分享会

在父母的协助下将能代表自己成长印记的物品（如小衣服、小鞋子、玩具）、作品（如不同时期的画作）、照片和视频等放入成长宝盒，采访爸爸妈妈以及老师等眼中"我"的成长变化，从多个视角认识自己的成长变化。在集体面前分享过去的自己和现在的自己在外形、爱好、本领等方面的异同，感恩成长变化。

图4-4　幼儿的分享海报

活动2：阅读与采访"幼儿园小学大不同"

在班级图书角投放"我爱一年级"绘本，这套绘本共7册，分别是《同学，你好啊！》《一年级，一点都不可怕！》《作业，是什么东西？》《老师，请你帮帮我！》《妈妈，你变了！》《上课，真的好有趣！》《一年级，我准备好了！》，老师根据班级幼儿的兴趣和问题选取部分绘本进行共读，多维度帮助幼儿认识小学，使其对小学充满期待。鼓励幼儿通过阅读绘本或者借助电子产品搜索关于小学的各种信息，用自己的方式记录下来。采访身边认识的小学生，调查他们的小学生活是怎样的。幼儿通过与多种不同类型的对象（父母、小学生、小学老师、同龄伙伴等）进行交流，加深对幼儿园到小学变化的理解。

活动3：小学参观体验

通过3—4次实地参观小学，建构对小学的认知，如走进小学教室融入迷你课堂，进入小学操场和一年级的哥哥姐姐一起运动，在小学图书馆选一本书等。在积累了关于小学的物理环境、作息安排和学习方式等的经验之后，通过双气泡图帮助幼儿进行经验梳理。幼儿可自主分组，合作搭建心目中的小学。

在探访过程中，幼儿亲眼观察小学校园的设施、教室的布局以及课间活动的场景，感受到小学与幼儿园在形式上有诸多不同。有的幼儿发现小学的操场很大，但是没有滑梯；有的看到小学有很多不一样的教室，教室里有很多桌椅，还有电脑，但是没有玩具可以玩；还有的关注到哥哥姐姐上课的时候每个人都有一张小课桌，幼儿园里的是大桌子；与幼儿园相比，小学的班级环境更加齐整规范，课程设置也更加丰富多样。幼儿通过观摩小学课堂，感受到小学生哥哥姐姐们专注听讲、积极发言的学习氛围，这种氛围对于即将步入小学的幼儿来说是一种无形的激励和启发。

活动4：哥哥姐姐进课堂，答疑解惑

幼儿在实地参观和体验小学的环境和作息方式之后又有了新困惑和问题，

我们特意邀请了从世外幼儿园毕业的小学生来答疑解惑。得知哥哥姐姐会来班级，幼儿提前将自己想要问的问题用符号、图画的方式表征出来。在分享交流过程中，哥哥姐姐一一解答小朋友的问题——"小学生作业多吗，一般要写到几点？""小学生不午睡，那午睡的时间你们在干什么呢？""我对上小学还有点紧张，该怎么办？""小学没有区角，还有其他活动吗？"。在轻松自由的交流氛围中，幼儿对小学生的生活有了更多具象的画面，小学生哥哥姐姐的自信和友好带给幼儿愉快的交往体验。

3．教学策略

该环节使用的主要教学策略为实地参观、分组讨论和可视化思维工具应用。

（三）梳理建模

1．学习目标

（1）概念性理解

　　U1：身心的变化带来成长。

　　U3：采取积极的行动适应环境。

（2）探究能力

　　批判性和创造性思考能力，社交和情感能力，交流、协作和资讯科技能力。

2．学习活动

（1）激发问题

　　如何成为一名小学生？

（2）完成子任务3：生活技能大比拼

　　线索1：感知身心变化成长。（变化）

　　线索3：我们采取积极的行动以适应小学生活。（道德）

（3）活动安排

活动1：从"我不会"到"我可以"

班级区角活动——创设自理小达人（生活准备区）、制作一本书（语言准备区）及桌游王国（数学准备区）等活动区域，让幼儿在区角活动中自主探索，发展技能。在生活情境中提供多种计时工具，如沙漏、电子钟、机械钟表、钟表教具等，帮助幼儿观察时钟，体验一分钟有多长，计划课间10分钟能够做什么等。引导小朋友及时反思，分享成功秘籍。"你是怎样从不会到会的?"帮助幼儿了解每个人都会遇到"暂时不会"的阶段，通过分享从"我不会"到"我可以"的过程，归纳成功的小技巧。

活动2："生活达人"年级联动

通过年级联动系列活动，主要包括跳绳大挑战、系鞋带大赛、小小足球赛等，一方面展示日常班级区角活动中的成果，另一方面提升幼儿面对困难的意志品质。

3.教学策略

该环节使用的主要教学策略是年级联动和问题驱动。

（四）深入探究

1.学习目标

（1）概念性理解

　　U2：我们可以增强适应性来应对环境的变化。

　　U3：采取积极的行动适应环境。

（2）探究能力

　　批判性和创造性思考能力，社交和情感能力，交流、协作和资讯科技能力。

2．学习活动

（1）激发问题

幼儿园好还是小学好？

（2）完成子任务4："幼儿园好还是小学好"辩论赛

线索2：小学和幼儿园的异同。（形式）

线索3：我们采取积极的行动以适应小学生活。（道德）

（3）活动安排

活动1：观点初碰撞

当幼儿了解了小学生活后，他们产生了不同的观点：有的幼儿更喜欢幼儿园的生活，而有的幼儿则更向往小学的生活。在一日生活中，围绕此话题，幼儿们常常产生争论，谁也不服谁。于是，老师捕捉到这个教育契机，决定引导幼儿通过辩论赛来充分探讨这个问题。在激烈的讨论和尝试说服对方的过程中，幼儿能够理解事物的多样性。于是辩论赛就成了班级每周的重要活动，有的辩题来自教师，更多辩题来自幼儿和爸爸妈妈交流后最想与同伴探讨的问题。系列辩题有"幼儿园好还是小学好？""遇到问题老师帮助好还是自己解决好？""课堂上倾听更重要还是举手发言更重要？""温柔的老师好还是严格的老师好？"等。

活动2：模拟辩论

通过小组模拟辩论、在辩论角留下自己的观点等方式，让幼儿逐步了解辩论赛的规则以及在老师和家长的帮助下收集相关证据，每场辩论赛开始前、活动中、结束后，老师通过可视化方式引导幼儿回顾和归纳辩论方法。辩论的方法有很多种，如陈述、假设、对比、反问、举例等，如果老师直接解释这些方法，幼儿很难理解，而如果老师列举活动中的例子，幼儿则能较容易掌握。

活动3："世幼杯"辩论赛

通过年级联动，邀请家长观摩辩论赛，让家长看到幼儿的成长，也听到幼儿对成长的喜与忧，建立合理期待。除了台上的小朋友展示，台下小朋友手持

"正方""反方"的牌子表明自己的观点，通过不一样的方式参与到辩论赛中。

图4-5　幼儿辩论赛现场

3. 教学策略

该环节使用的主要教学策略为年级联动、分享交流和小组合作。

（五）建构理解、知行合一

1. 学习目标

（1）概念性理解

U3：采取积极的行动适应环境。

（2）探究能力

批判性和创造性思考能力，社交和情感能力，交流、协作和资讯科技能力。

2. 学习活动

（1）激发问题

怎样适应小学生活？

（2）完成总结性评估任务：准小学生的一天

线索3：我们采取积极的行动以适应小学生活。（道德）

（3）活动安排

准小学生的一天：对所有班级的幼儿进行编号（例如，一班1号D101），通过抽奖软件单次抽取27个号码，进行重新随机分班，活动当天幼儿到不同班级体验上小学一日流程，运用自己所具备的知识和技能尝试与新老师、新同伴进行交往，解决在新课堂、新环境中遇到的问题。活动最后回到自己班级进行反思：今天"准小学生的一天"体验感觉如何？活动中都遇到了哪些问题？你是如何解决的？在不同环节中，哪些技能还需要提升？在接下里的时间里你该怎么做？让每个幼儿都参与其中。幼儿通过设定目标、设立计划、多种形式记录等方式帮助自己在过程中反思、与同伴分享收获。反思遇到不同问题的处理方法，从而让自己更好地适应未来小学生活。

3．教学策略

该环节使用的主要教学策略为年级组联动和回顾反思。

五　教学反思

（一）教前反思

1．基于单元目标的反思

大班幼儿在对自我感官的觉知、身体结构与功能的探索以及社交关系的建立中不断建构对自我的认知。在幼小衔接的关键时期，面对着环境和身份的转变，本单元聚焦以下目标，以支持幼儿应对小学生活的挑战。

（1）感知身心的成长与变化

引导幼儿通过画面、视频和实物来回顾自己的成长轨迹，从身体外观的变化、能力提升、情绪情感的丰富等多维度感知身心发生的显著变化。在这一过程中，幼儿将逐步理解成长的意义，每一次变化都意味着能够适应新的角色与承担更多的责任，这将为幼儿适应小学生这一新身份奠定基础。

（2）发现小学与幼儿园的异同

从幼儿园到小学的环境转换对幼儿而言也是很大的挑战，通过直观展示、互动讨论等方式，帮助幼儿全面了解小学与幼儿园在学习环境、课程设置、日常规范等方面的显著差异。同时，引导幼儿正视这些变化，减少因未知而产生的恐惧感，转而以积极的心态期待并准备迎接小学生活的新奇与精彩。这一过程将增强幼儿的适应能力，为其从幼儿园向小学平稳过渡提供有力支持。

（3）采取负责任的行动以适应小学生活

在充分认识自我身心成长与外界环境变化关系的基础上，鼓励幼儿主动采取积极的行动以适应变化。一方面，通过模拟练习、角色扮演等活动，让幼儿在真实场景中尝试使用准小学生必备的生活与学习技能，如时间管理、自我整理等，并学会制订合理计划且坚持执行。另一方面，培养幼儿在面对新挑战时能够独立思考、大胆表达的能力，鼓励他们从多个角度审视问题，勇于尝试并从中获得成长。

2．基于学情的反思

从学习经验来看，大班幼儿积累了较为丰富的领域经验，也发展了一定的探究能力，这使得他们在面对新的学习主题或任务时更愿意进行自主探索，能主动将一些新信息与已有认知相结合。在幼小衔接这一重要阶段，在"成长与变化"主题中，教师注重引导幼儿进行深度思考，培养他们的逻辑思维能力、问题解决能力以及初步的批判性思考能力。同时，也关注了幼儿社交技能、自我管理和情感表达等方面的发展，为他们适应即将到来的小学生活做好准备。

从生活经验的角度分析，大班幼儿对小学环境和学习生活有一定的了解，对步入小学可谓喜忧参半。幼儿在表达自己对小学的看法时，可能受限于经验和信息，表达出较为简单或片面的观点，如"喜欢"或"不喜欢"。为了帮助幼儿更好地适应小学生活，教师需要引导幼儿更加全面客观地认识小学，包括学习环境、课程设置、师生关系等方面的变化。通过收集信息、采访、实地考察等方式，让幼儿在亲身体验中加深对小学的理解和感受，从而更加自信地面对即将到来的新挑战。

（二）中期反思

针对幼儿的兴趣与疑问，我们如何回应以支持幼儿的自主探究（差异化教学）？

（1）兼顾共性问题与个性化兴趣

对于共性问题（如成长会带来什么变化），组织集体教学活动，鼓励幼儿提前收集并分享信息，在经验分享与信息交互中提升领域经验。对于个性化兴趣，则通过在区角提供丰富的资源与思维工具，支持幼儿进行个性化探究。针对幼儿在区角选择上的局限性，教师灵活调整策略，如设置轮换制度、引导同伴合作、展示不同区角的探索成果等，以激发幼儿探索未知领域的兴趣，同时培养幼儿的灵活性与适应性。

（2）在反思调控中自我管理

鉴于大班幼儿即将面临小学生活的挑战，教师设计了一系列月度技能比赛活动，通过自我目标导向的练习，帮助幼儿掌握必要的技能，如时间管理、自我整理等。支持幼儿制订计划、持续努力并反思改进，从而形成良好的学习习惯与自我驱动能力。

（3）在行动中建构理解

通过参观小学、走进小学课堂，以及与小学师生进行面对面访谈等活动，幼儿得以亲身体验并直观感受小学与幼儿园的差异。这些实践活动不仅回应了幼儿的疑虑，还激发了他们对小学生活的向往与期待。

（三）教后反思

1. 我们的教学策略在多大程度上帮助了幼儿的理解？

（1）真实情境的任务展现幼儿理解

基于真实情境的任务能展现幼儿在解决实际问题过程中的概念性理解。通过模拟小学一日生活的任务，如安排作息时间、整理书包、模拟上课等，幼儿不仅能够亲身体验小学与幼儿园的差异，也能通过具体的行动展现对"小学与幼儿园的异同"的理解。同时，这些任务也促使幼儿思考如何更好地适应新环境，从而增强他们"采取积极的行动以适应小学生活"的意识。

（2）灵动的学习空间支持幼儿建构理解

灵动的学习空间为幼儿提供了丰富的资源和多样化的探究环境，有助于他们根据自己的兴趣和需要进行个性化的学习。例如，设置不同主题的区域角，如"小学课堂模拟区""自我管理能力培养区"等，可以为幼儿提供多样化的探究场景。在这些区域中，幼儿可以自由选择材料、工具和伙伴，进行深入的探究和学习。此外，灵动的学习空间还鼓励幼儿之间的互动与合作，促进他们社交技能和团队协作能力的发展。这种支持性的学习环境为幼儿提供了更多的探究机会和自主学习的空间，有助于他们完成身份转变，更好地适应小学生活。

（3）学习社区的参与促进幼儿理解迁移

学习社区是幼儿探究过程中的重要支持力量，它包括教师、家长、同伴以及更广泛的社会资源。当教师作为引导者和支持者参与幼儿的探究过程时，他们能够通过提问、反馈和鼓励等方式激发幼儿思考，促进他们的深度学习。家长可以通过提供生活实例、分享经验等方式丰富幼儿的学习内容，增强他们的学习动力。同伴之间的合作与竞争能够激发幼儿的探索欲和求知欲，促进他们相互学习和共同进步。此外，学习社区还可以邀请小学老师、小学生或相关专家进行访谈或讲座，为幼儿提供真实、权威的信息和反馈，帮助他们更深入地理解"小学与幼儿园的异同"及"如何为小学生活做准备"。

2．哪些主要证据证明了幼儿发展了对KUD的理解？

在进入探究和探究发现阶段，我们收集到了幼儿感知成长变化的证据。一方面，小班和大班幼儿的身高和体重的差异及过去与现在衣服、鞋子尺寸的变化，可以直观地展示幼儿身体的成长变化。另一方面，幼儿发现自己能够完成更复杂的任务及建立更稳定的友谊，从而意识到心智成长的变化。

在梳理建模阶段，幼儿能够描述或者通过其他表征手段展现小学与幼儿园在物理空间和学习生活氛围上的差异，如教室、操场、活动室等环境的异同等。

在深入探究阶段，幼儿在辩论活动中能够遵守辩论赛的规则，倾听他人观点，大胆表达自己的想法，应用不同的策略说服对方。能点评对方辩手及我方辩手的表现，表达自己对他人的欣赏。

在建构理解、知行合一阶段，幼儿能够制订和执行简单的学习计划，表现出良好的时间管理和自我管理能力。当遇到学习或生活上的困难时，幼儿能够主动向老师或同伴寻求帮助，寻找解决问题的方法，通过自我反思调控行为，从而解决问题、适应环境。

第五章

艺术与表达：艺术小玩家

单元主题　艺术与表达：艺术小玩家

超学科主题　我和表达

单元大观念　人们享受不同形式艺术的乐趣，并通过不同的艺术手段
　　　　　　进行创造性表达

单元大任务　举办"艺术小玩家"展览

设 计 者　陈宁薇　安　茜

素材提供者　陈　茜

表5-1　单元概览——目标与评估

单元主题：艺术与表达：艺术小玩家			
探究内容：艺术	适宜年龄：小班	核心素养：乐表达、会创造	探究时长：8周
创作团队：陈宁薇、安茜		本质问题：什么是艺术？	
超学科主题： 我和表达	超学科概念： 形式、关系、审美 相关概念： 交流、表达、想象、创造		领域概念： 艺术——感受美、表达美、创造美 语言——叙述性讲述 社会——自我意识、合作
大观念：人们享受不同形式艺术的乐趣，并通过不同的艺术手段进行创造性表达			
幼儿将知道的知识（K） 1. 常见的艺术形式及其要素（艺术） 2. 欣赏艺术的不同方式（艺术） 3. 艺术表达的思想观点、情感和经历（艺术）（社会）		幼儿将发生的概念性理解（U） U1：艺术有不同的形式 U2：艺术给人们带来享受 U3：艺术是人们自我表达的一种方式	

4. 表达审美感受的语言（语言）	幼儿将具备的能力（D） **批判性和创造性思考能力** ● 感受并接触不同的艺术形式，在经典作品的启发下，进行艺术设想 ● 思考不同事物之间的联系，并用艺术的方式表达出来 **社交和情感能力** 在艺术创作中尝试与他人协作，互相倾听并考虑别人的想法 **交流、协作和资讯科技能力** ● 寻找、发掘身边的艺术，尝试运用身边的物品或工具参与到艺术创作中 ● 在艺术探究的过程中，尝试使用录音、数字、图画、符号等各种表征方式记录自己的发现和感受

探究线索：
线索1：不同形式的艺术（形式）
线索2：艺术与人们生活的关联（关系）
线索3：艺术的个性化表达（审美）

单元大任务：举办"艺术小玩家"展览
子任务1：寻找生活里的艺术
子任务2：体验艺术通感
子任务3：走进大师的艺术
总结性评估任务：打造"艺术小玩家"展览

一　单元概览

（一）为什么学习这个单元？它对幼儿有怎样的重要意义？

艺术是人们经由自己内在精神世界，通过外在的材料进行创造，赋予世界以专属意义的"语言"。人们通过艺术这一特别的自我表达方式，与世界、他人建立连接。2020年，中共中央办公厅、国务院办公厅发布的《关于全面加强和改进新时代学校美育工作的意见》指出：美育是审美教育、情操教育、心灵教育，也是丰富想象力和培养创新意识的教育，能提升审美素养、陶冶情操、温润心灵、激发创新创造活力。教育部印发的《3—6岁儿童学习与发展指南》中强调艺术是人类感受美、表现美和创造美的重要形式，也是表达自己对周围世界的认识和情绪态度的独特方式。

审美与艺术丰富着幼儿的生活，幼儿也通过审美与艺术创造着新世界。每个幼儿都是天生的艺术大师，审美与艺术能帮助幼儿的精神生命生长。幼儿对审美的感知和表征具有独特性，幼儿的艺术表征复演了人类的艺术演化，老师要将对幼儿对美的感知与创造的尊重放在首位。

艺术带来的是一种情感的共鸣，是一种感官的享受，是一种愉悦的体验。艺术无围墙，老师要带领幼儿走出教室探寻生活中、自然中美的形式与特征。审美与艺术让幼儿的感知觉察力敏锐，让幼儿的想象创造更自由独特，同时促进幼儿语言与认知、社会与情感等多方面能力的发展。

本单元定位在超学科主题"我和表达"上，幼儿通过感知、欣赏生活中、自然中的不同艺术形式，体验艺术让生活与众不同。幼儿通过对不同材料的使用，表达与创造自己的艺术作品，感受艺术里的魔法，在随心自在的表达与创造中成为艺术小玩家。

（二）本单元探究内容所属领域的核心素养是什么？所属领域的大观念是什么？

本单元指向的核心素养是"乐表达、会创造"，所属的艺术领域的大观念是"创造意义"，聚焦于"交流、表达、想象、创造"这四个概念。幼儿通过走出幼儿园，去探访蟠龙古镇的多种形式的艺术，感受美的形式与特征。在园所内个别化区域以及集体活动中渗透多种艺术形式的欣赏与表征。通过草间弥生以及蒙德里安等艺术大师专题作品的欣赏与再创造，以及艺术展的打造等，让幼儿体验和享受艺术欣赏与创造的美好，并激发其展现自我独特性的意愿。因此，我们提炼的单元大观念为：人们享受不同形式艺术的乐趣，并通过不同的艺术手段进行创造性表达。

（三）延伸出的核心任务和核心教学策略是什么？

大观念决定大任务，我们设计的单元大任务为"举办'艺术小玩家'展览"，并结合幼儿已有经验和兴趣设计了四项子任务：子任务1——寻找生活里的艺术；子任务2——体验艺术通感；子任务3——走进大师的艺术；总结性评估任务——打造"艺术小玩家"展览。

大任务决定教学策略，本单元的核心教学策略如下。

一是体验性。感官是人们感知美的第一通道，教师给予幼儿视觉的、听觉的、由听觉转换为视觉的等多通道的体验，幼儿才能发现美的共性与独特性。

二是游戏性。审美与艺术应是轻松愉快的、不带功利性的。因此，通过游戏化的方式进行多种形式的艺术探究，既符合幼儿心理特征，又符合审美与艺术的本质。

（四）结合整个探究计划图谱，本单元与前后单元的勾连关系如何？

"我和表达"这个主题贯穿了从托班到大班四个阶段，并且课程难度呈螺旋式上升的趋势。托班为发现、感知生活中的色彩并进行表达，初步具备艺术的经验；到小班扩展到多样化艺术形式的感知和表达；中班将会深入个人情绪管理领域，探究艺术用来表达情绪的方式；大班的感知内容将拓展到文化领域，理解艺术可以通过庆典表达观点。

二 大观念的生成

（一）用超学科主题确定学习的意义

超学科的设计，我们以艺术领域为主干，实现各个领域的融合。我们选择了"我和表达"这一主题来承载大观念的建构。博伊尔六大超学科主题中的"我和表达"可以帮助我们明确学习的定位。

在大观念课程框架中，超学科主题是组织课程内容的重要工具，不但用于制订整个幼儿园的探究计划，而且指向了全球具有重要性的六大问题，为探索真实世界有意义的主题提供了着力点。本单元属于"人与自我"维度中的"我和表达"的子主题。这个案例聚焦的细则是：人们通过不同的文化艺术来表达自己的感受。对艺术的探究几乎是所有幼儿园都绕不开的主题，大观念课程通过超学科主题的聚焦，将艺术的欣赏与创造指向自我表达。

表5-2　对标材料分析

学前儿童学习与发展核心经验		超学科主题	学习的意义
发展领域	关键经验		
艺术	**感受与欣赏：** ● 对艺术元素的感知，如线条、色彩、形状等 ● 对艺术规律的感知，如节奏等；对音乐表现要素的感知，如强弱、高低、节奏等 **表现与创造：** ● 运用美术语言、艺术工具和材料，展开丰富的想象，表达个性化的感受与理解 ● 通过声音或者动作表现感知的音乐中美的特征与情感，并进行创造性的表现	我和表达	指向对自我表达的探究。欣赏和应用不同的表达形式和多样的传播方式，感受语言和艺术的力量；探索大自然、文化、情感、情绪的表现形式，通过想象和创造表达观点与意义
语言	**叙述性讲述：** ● 使用多样的词句表达对艺术作品的理解 ● 围绕艺术作品进行有重点的讲述		
社会	**自我意识：**对自己的艺术创作和表达感到满意 **合作：**愿意加入小组艺术创作与分享，能友好地提出请求		

（二）用概念视角统整知识与技能

学前儿童学习与发展核心经验和超学科主题只是确定了探究的大方向，我们还需要用概念进一步聚焦。概念往往是自下而上提取的，在梳理学前儿童学习与发展核心经验的过程中，我们发现：语言和社会领域提及围绕艺术作品使用多样的词句表述自己的理解，可以提取"交流"；艺术领域提及通过感知艺术中美的特征与形式展开丰富想象，进行表现与创造，可以提取"表达"、"想象"和"创造"。

这些相关概念与"形式、关系、审美"三个超学科概念之间形成了一张关系网，生成了本单元的三条探究线索。

线索1：不同形式的艺术。（形式）

线索2：艺术与人们生活的关联。（关系）

线索3：艺术的个性化表达。（审美）

探究线索给到了本单元的探究走向，围绕这三条线索组织探究活动，幼儿将形成以下理解。（见表5-3）

表5-3　概念整合学科知识

幼儿将知道的知识（K）	幼儿将发生的概念性理解（U）
1. 常见的艺术形式及其要素（艺术）	U1：艺术有不同的形式
2. 欣赏艺术的不同方式（艺术）	U2：艺术给人们带来享受
3. 艺术表达的思想观点、情感和经历（艺术）（社会） 4. 表达审美感受的语言（语言）	U3：艺术是人们自我表达的一种方式（审美）

综上所述，我们用图5-1来表示概念的层级及其关系。

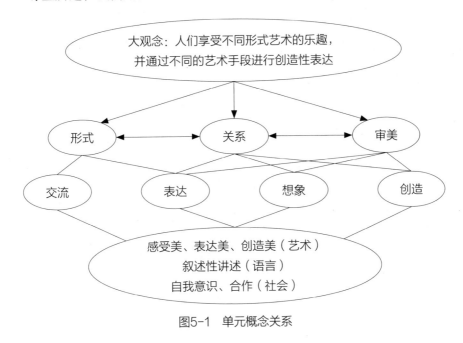

图5-1　单元概念关系

（三）明确要培养的探究能力

我们要创设不同的情境，支持与引导幼儿像艺术家一样感知与表达。本单元是围绕艺术主题展开探究的，因此艺术欣赏和创造的方法决定了幼儿将形成的探究能力。

1. 批判性和创造性思考能力

感受并接触不同的艺术形式，在经典作品的启发下，进行艺术设想；思考不同事物之间的联系，并用艺术的方式表达出来。

2. 社交和情感能力

在艺术创作中尝试与他人协作，互相倾听并考虑别人的想法。

3. 交流、协作和资讯科技能力

寻找、发掘身边的艺术，尝试运用身边的物品或工具参与到艺术创作中；在艺术探究的过程中，尝试使用录音、数字、图画、符号等各种表征方式记录自己的发现和感受。

（四）设计育人目标

品格培养通过"做事"来实现。任务的确定和对探究能力的定位，决定了本单元对幼儿品格、价值观的培养方向是：乐表达、会创造。

以"乐表达、会创造"为例，本单元要收集的证据如下。

在"寻找生活里的艺术""体验艺术通感""走进大师的艺术"以及"打造'艺术小玩家'展览"中引导幼儿倾听同伴的分享，请幼儿用完整的语句说出"我看到了什么，让我感受到了什么""通过同伴的分享，我知道了什么"。幼儿使用颜色、材料、工具等艺术创作的过程和生成的作品展示出他们的想象能力与创造能力，且他们能够分享对自己作品和他人作品的理解与欣赏。

我们用图5-2来展示大观念生成的路径。

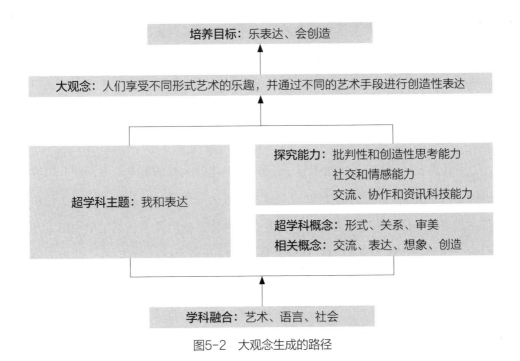

图5-2　大观念生成的路径

三　大任务的创设与评估

（一）大任务的设计

1. 大任务的设计依据

幼儿在"做"任务中展现理解。当幼儿能表现出对艺术的兴趣，能辨别生活中不同的艺术形式，能初步使用不同的材料来表达自己的感受，就是在表达理解。当幼儿能识别常见艺术形式的要素，能将听觉感受转化为视觉形象，能将触觉感受转化为视觉形象，愿意说出艺术家的作品给自己带来的感受并能用不同的艺术手段表达自己的想法时，对大观念的理解就被建构起来了。

2. 大任务的设计原则

大任务的设计遵循了三原则，重点与幼儿的生活经验相连接，体现了学科性、挑战性、相关性。

子任务1——寻找生活里的艺术。幼儿走进社区，去发现蟠龙古镇里多种多样的艺术形式，并记录表征。此外，教师将生活中对幼儿吸引力极强的烟花作为欣赏的载体，让幼儿集体欣赏并交流烟花绽放的色彩和形态之美，还通过蛋壳泼墨的手法再现烟花之美。这些活动都体现了艺术与幼儿生活的紧密关联。（体现相关性）

子任务2——体验艺术通感与子任务3——走进大师的艺术。引导幼儿以通感的方式对感知到的艺术进行回应。欣赏中外名家作品，并通过点、线、色彩等方式表达自己的感受。着重评估幼儿在经典作品的启发下，通过个别探索和小组合作的方式使用不同的工具与材料表达自己艺术设想的能力。（体现学科性：使用艺术语言描述以及艺术方式表达）

总结性评估任务——打造"艺术小玩家"展览。通过观察幼儿在小小艺术展作品创作中的表现以及与观众的互动，评估幼儿对艺术的感知与理解能力。（体现挑战性）

（二）大任务的评估

我们的评估分为三类：形成性评估、元认知（反思性）评估和总结性评估。

1. 形成性评估

在幼儿园阶段，形成性评估无时不在发生，教学的过程就是教师收集幼儿学习证据的过程，以了解幼儿的理解程度，对学习发展进程进行及时调整。本单元主要从以下几方面开展形成性评估。

● 在单元开始前使用KWL表中的K（已知）和W（想知），收集和分析幼儿关于艺术主题已有的经验和兴趣点。

● 让幼儿参与制订单元计划及成功标准，并在学习过程中持续更新标准。标准更新的过程，就是幼儿理解发展的过程。

● 在教室开辟专属的"问题墙"，展示幼儿在探究过程中的问题和想法。随着探究活动的展开，幼儿不断回应问题并提出新的问题。从探究初期的"我唱一首歌是艺术吗?""只有人创造的才是艺术吗?"等,到探究中后期的"我们开心或者伤心的时候,会有艺术吗?""我们为什么需要艺术?"等,这些问题推动着整个探究过程,体现"困惑—探究—思考"的探究循环过程。

- 通过提问、谈话、环境浸润、沉浸式体验互动等方式引导幼儿观察生活和自然中不同形式的艺术,思考艺术家们如何基于生活经验使用不同的工具和材料进行想象和创作。

- 关注幼儿艺术创作的过程和作品的特色,了解幼儿的意图和创意,评估幼儿运用艺术方法进行自我表达的程度。

- 将幼儿的艺术作品陈列在学习空间中,提供互相观摩欣赏、交流分享的机会,让幼儿围绕彼此的作品展开欣赏与对话。

- 在集体活动中,创设更多机会让幼儿以个人或者小组的形式向大家展示自己的作品,描述创作意图和情感表达,然后邀请其他幼儿进行评价。

- 引入艺术大师的经典作品进行欣赏,幼儿对不同艺术家的风格进行迁移应用,创作一些自己的艺术作品,表达对不同艺术家作品的理解。

- 将幼儿的艺术作品展示在园所公共区域,幼儿通过介绍自己的作品、欣赏评价他人的作品,展现自己在本主题下习得的艺术审美能力和艺术表现能力。同时也会收获其他不同班级和年级小朋友的反馈和评价。

2. 元认知(反思性)评估

元认知(反思性)评估贯穿单元学习的始末。教师鼓励幼儿欣赏与分享自己的作品,让幼儿用生动的等级符号(如笑脸、难过的脸或星星数量)来标记对自己作品的满意度,还可以鼓励幼儿分享自己的创作过程以及作品想表达的内容与情感。在艺术展中创造机会让幼儿从他人的视角理解自己的创作,增进元认知能力。

3. 总结性评估

在"艺术小玩家"展览的准备过程中观察幼儿对不同艺术材料和工具的探究能力,以及开展创作工作的专注度、持久度。在"艺术小玩家"展览中评估幼儿向他人介绍自己作品时对作品的要素及情感等的表达能力。

四 大观念的实施

我们以默多克的探究六循环作为大观念实施的依据，本单元的探究活动分为以下五个部分。

（一）进入探究

1. 前测与激发

什么是艺术？艺术给我们的生活带来了哪些不同？

2. 提出并定义问题

借助KWL表，收集幼儿在"艺术与表达"单元想要知道的知识和问题。

图5-3　幼儿借助KWL表进行交流

3. 制订计划

梳理KWL表，分析幼儿在前测话题中展现出的经验、兴趣和困惑，制订单元探究计划。基于幼儿对生活中艺术的分享，通过问题墙"什么是艺术？"，将幼儿对艺术的初步理解记录下来。在幼儿眼中"艺术是一切美好的东西""艺

术是钢琴"……，画画、歌唱、舞蹈、戏剧、电影、建筑等都是我们身边的
艺术。

（二）探究发现

1．学习目标

（1）概念性理解

U1：艺术有不同的形式。

U2：艺术给人们带来享受。

（2）探究能力

批判性和创造性思考能力，交流、协作和资讯科技能力。

2．学习活动

（1）激发问题

艺术给我们的生活带来了什么？

（2）完成子任务1：寻找生活里的艺术

线索1：不同形式的艺术。（形式）

线索2：艺术与人们生活的关联。（关系）

（3）活动安排

活动1：蟠龙古镇里的艺术

走出教室，鼓励家长共同参与，带领幼儿一起寻找和欣赏蟠龙古镇里的艺术。教师带领不同小组选择不同的路线，发现古典和现代交融的蟠龙古镇里面蕴藏的不一样的艺术：躺在软软草坪上的巨型金属兔子的前后左右，小朋友分享着在不同位置的发现；小朋友或慢或快、或轻或重敲打着能发出声音的建筑……。根据自己的记录和同伴的分享，小朋友发现艺术有不同的形式，有的可以用眼睛看，有的可以用耳朵听……

活动2：小山坡音乐会

声音可以表达情感和观点，自然和生活中有各种各样的发声材料。教师为

幼儿提供不同的乐器，并在开放学习空间提供其他材料供幼儿选用。在音乐游戏中，引导幼儿感受并模仿节奏，表现不同的音乐情境。通过"你会选择什么物品来作为你的乐器呢？"，引导幼儿从教室到大自然中去探究哪些物品能发出声音，鼓励和支持幼儿制作能发出美妙声音的乐器。

图5-4　幼儿发现的或自制的乐器

活动3：美丽的烟花

烟花的绚烂多姿最能激发幼儿的兴趣，通过"你看到了什么？""你的感受是什么？"等支架性问题以及视频画面等素材整合幼儿已有欣赏烟花的经验。"怎样把我们的感受传递出去？"幼儿通过自主选择颜色，尝试用蛋壳创作泼墨画，展现烟花绽放的颜色与形态美，释放自我的想象和创造能力。

3.教学策略

该环节使用的主要教学策略为实地参观、分享交流、动手操作。

（三）梳理建模

1.学习目标

（1）概念性理解

　　U1：艺术有不同的形式。

　　U2：艺术给人们带来享受。

　　U3：艺术是人们自我表达的一种方式。

（2）探究能力

批判性和创造性思考能力，社交和情感能力，交流、协作和资讯科技能力。

2．学习活动

（1）激发问题

我们为什么需要艺术？

（2）完成子任务2：体验艺术通感

线索1：不同形式的艺术。（形式）

线索2：艺术与人们生活的关联。（关系）

线索3：艺术的个性化表达。（审美）

（3）活动安排

活动1: 联动学习社区，艺术进园所

邀请艺术见长的家长走进幼儿园，通过不同艺术形式的表演与分享，进一步拓展幼儿对多种艺术形式的直接经验。

活动2: 把音乐画出来

聆听莫扎特不同风格的音乐作品，用不同的色彩画出自己听到这几首乐曲的感受。幼儿通过绘画来表达自己对音乐的理解与感受，并与同伴分享、交流自己的作品。

活动3: 我的"云"

带领幼儿充分地观察和欣赏自然中变化多姿的云，提供多样化的材料与支持，让幼儿将感知到的云的形态和颜色等通过肢体、手工创作等方式进行表达。

（四）深入探究

1．学习目标

（1）概念性理解

U2：艺术给人们带来享受。

U3：艺术是人们自我表达的一种方式。

（2）探究能力

批判性和创造性思考能力，社交和情感能力，交流、协作和资讯科技能力。

2．学习活动

（1）激发问题

艺术家的作品在表达什么？

（2）完成子任务3：走进大师的艺术

线索2：艺术与人们生活的关联。（关系）

线索3：艺术的个性化表达。（审美）

（3）活动安排

活动1：走进草间弥生的圆点乐园

欣赏草间弥生的波点系列作品，感知草间弥生的艺术表现特点，尝试用不同颜色的圆形贴纸、圆形木片、圆形绒球、长条纸片、扭扭棒等材料创作自己的花园。

图5-5　幼儿创作草间弥生风格的作品

活动2：春如线：遇见春天

引入《春如线》，让幼儿初步感知中国水墨画的特点，启发幼儿欣赏作品，用完整的句子表达作品带给自己的感受，教师使用"你从这幅画中看到了什么？长长的线像什么？彩色点点像什么？"等问题进行引导。鼓励幼儿使用水墨画需要的作画工具，如宣纸、毛笔、墨水等，运用较丰富的色彩、线条、形状表现自己对春天的感知，用点和线的方式来画一画自己心目中的春天。在个别化区域中投放宣纸、颜料、刷子，让幼儿自主创作，并在同伴之间进行交流。

图5-6　幼儿的水墨画作品

活动3：蒙德里安的世界

欣赏蒙德里安的系列作品，引导幼儿发现蒙德里安作品的代表性要素。投放方格花瓶、收集的旧衣物、红黄蓝超轻黏土等材料，让幼儿通过自由使用红黄蓝三种颜色的不同格子进行拼拼贴贴，体验蒙德里安风格的美感。

3．教学策略

该环节使用的主要教学策略为小组合作与动手操作。

（五）建构理解、知行合一

1．学习目标

（1）概念性理解

U1：艺术有不同的形式。

U2：艺术给人们带来享受。

U3：艺术是人们自我表达的一种方式。

（2）探究能力

批判性和创造性思考能力，社交和情感能力，交流、协作和资讯科技能力。

2．学习活动

（1）激发问题

我也能成为艺术家吗？

（2）完成总结性评估任务：打造"艺术小玩家"展览

线索1：不同形式的艺术。（形式）

线索2：艺术与人们生活的关联。（关系）

线索3：艺术的个性化表达。（审美）

（3）活动安排

活动1：有趣的装置艺术

投放透明塑料瓶、泡沫板、超轻黏土、马赛克颗粒、扭扭棒、彩色纽扣、彩色吸管等材料，观察幼儿在改造废旧材料的过程中，喜欢选用哪几种材料进行装饰，以及运用了材料的哪些特点。

活动2：车轮滚滚

投放轮胎纹路各异的物品，如小小轮滑鞋、赛车、坦克玩具等，引导幼儿自主摆放障碍物，鼓励幼儿将车轮沾上不同的颜料，通过车轮在画布上移动留下轨迹，创作出自己喜欢的图画。

活动3：我们的艺术展

在准备艺术展的过程中，幼儿有机会与同伴进行合作共创，发展社交能力，感受艺术为生活带来的乐趣。"如果哥哥姐姐来参观我们的艺术展，你会跟他们怎么介绍呢？"通过前期的思考与准备，在艺术展中幼儿尝试与他人分享、交流自己创作的艺术作品。艺术展让幼儿有了通过艺术理解自己、通过艺

图5-7　艺术展

术与他人交流的新情境。

3. 教学策略

该环节使用的主要教学策略为小组合作与展示交流。

五　教学反思

（一）教前反思

1. 基于单元目标的反思

艺术是一个抽象的概念，对幼儿来说更是如此。我们让幼儿和艺术产生连接，让幼儿走近艺术，让艺术走进幼儿的生活。我们先引导幼儿去发掘生活中的艺术、幼儿园里的艺术，从那些习以为常的风景中感知艺术的有形，同时梳理艺术的一些基本形式。幼儿体验到不同艺术形式带来的愉悦，在后续的探究中通过聚焦具体的、经典的艺术形式，进行深入的欣赏与表达。幼儿在老师的引导下回顾接触过的艺术形式，体会艺术与自我的情绪、感受、想法之间的关联，尝试运用艺术的方法进行表达。

2. 基于学情的反思

尽管艺术无处不在，但幼儿对艺术的欣赏与表达大多处于无意识的、较为被动的状态。如果没有带着积极主动的探究意识去接触艺术，那么幼儿就难以建构对"艺术"的理解，也无法有意识地将艺术作为一种表达工具。所以幼儿需要被"点亮"对艺术的觉知。

在学前阶段，幼儿在艺术领域主要发展的核心经验是：感受与欣赏、表现与创造。因此，我们在开展艺术活动的时候应做到：重兴趣激发，轻技巧练习；重审美体验，轻知识理论；重创意创新，轻美丑论断。

（二）中期反思

针对幼儿的兴趣与疑问，我们如何回应以支持幼儿的自主探究（差异化教学）？

（1）架起艺术和生活之间的桥梁，提供更多"玩艺术"的机会

艺术只有和幼儿的生活、行为、观感产生真正的链接，才能激发幼儿用艺术的方式去思考与表达。在探究的初始阶段，我们激励幼儿积极地发现身边的艺术，引导他们到富有艺术气息的社区，比如蟠龙古镇去"寻找"艺术。在探究发现和梳理建模阶段，我们为幼儿提供了多种艺术资源，并设计了可参与的艺术活动。这些互动形式让幼儿在体验中形成了实践艺术的能力，增强了幼儿的体验感，以真实体验推动理解的发生。

（2）以游戏化和项目式的方式开展探究，激发幼儿更多"玩艺术"的兴趣

幼儿在"玩"中欣赏艺术，他们还可以在"玩"中创造艺术。我们以游戏化和项目式的方式开展艺术探究，幼儿运用艺术的形式来丰富生活。比如：怎么开一场音乐会？怎么用艺术装置来美化我们的下午茶环境？如何用波点来装饰我们的学习空间？这些问题都源自幼儿的兴趣。

（三）教后反思

1．我们的教学策略在多大程度上帮助了幼儿的理解？

在最初的调查中，幼儿说不清"什么是艺术"，还有很多幼儿觉得艺术和自己的生活无关。通过挖掘生活中、自然中、社区中的艺术，收集各种和艺术相关的物品，欣赏并体验多种不同的艺术形式，幼儿逐步建构起对"艺术"这一概念的理解。

在主题最后的建构理解、知行合一阶段，每个班级都围绕幼儿最感兴趣的一个问题，展开了比较深入的、类似项目式的班级探究。他们聚焦一种艺术形式，解决一个和生活、艺术有关的问题，通过行动实践艺术并且更加深刻地理解艺术。

2．哪些主要证据证明了幼儿发展了对KUD的理解？

对于围绕概念设计的基本问题，幼儿在主题探究的不同阶段表现出了不同的理解。比如在探究的初始阶段他们不知道什么是艺术，而在主题结束时，他们不仅会欣赏艺术，还能有意识地选择艺术手法来表达自己的想法。组织开展集体活动，使幼儿在师生互动、生生互动中，了解多位中外艺术家及其艺术作品的特点。幼儿还能通过独自或共同创作，将获得的内在经验以作品的形式进行具象化呈现。此外，从幼儿感兴趣的角度引入艺术与生活的联系，通过表现性任务鼓励幼儿进行艺术探索。

人与社会

第六章　系统与便利：交通总动员

第七章　环境与生活方式：荒岛求生

第六章

系统与便利：交通总动员

单 元 主 题　系统与便利：交通总动员

超学科主题　我和组织

单元大观念　有效运作的交通系统便利了人们的生活

单元大任务　构建有效运作的交通系统

设 计 者　张煜莹　梁嘉心

素材提供者　程依华　刘美姣

表6-1　单元概览——目标与评估

单元主题：系统与便利：交通总动员			
探究内容：交通系统	适宜年龄：小班	核心素养：乐探究、乐表达、有责任	探究时长：8周
创作团队：张煜莹、梁嘉心		本质问题：交通系统跟我们的生活有什么关系？	
超学科主题：我和组织	超学科概念：形式、功能、道德、关系 相关概念：特点、规则、系统		领域概念：科学——观察、分类 社会——社会规则 健康——社会适应 安全 语言——说明性讲述、创意书写表达
大观念：有效运作的交通系统便利了人们的生活			
幼儿将知道的知识（K） 1. 常见交通工具的名称、外形和用途（科学） 2. 不同交通工具的乘坐流程和规则（社会）		幼儿将发生的概念性理解（U） U1：不同的交通工具有不同的作用 U2：规则保障着人们的安全出行 U3：交通系统的运作需要多个要素的共同参与	

续表

3. 安全出行注意事项（健康） 4. 交通标识含义和作用（语言） 5. 交通系统的构成要素（科学）	**幼儿将具备的能力（D）** **批判性和创造性思考能力** • 识别物体具备的一些显著特征 • 发现物体之间存在的异同并进行简单分类 • 尝试把已有的经验迁移到新任务和新情境中 **社交和情感能力** • 在集体任务中愿意承担角色，并完成自己负责的工作 • 发生冲突或遇到困难时能寻求成人的帮助 **交流、协作和资讯科技能力** • 在集体面前大胆表达自己的喜好、想法和发现，尝试用尽可能多的语言说明自己了解的信息 • 能通过实物观察、实地观摩、查阅书籍、倾听讲解等渠道获取资讯 • 识别简单图画、符号所表达的意思

探究线索
线索1：不同的交通工具及其作用（形式、功能）
线索2：践行安全出行的规则（道德）
线索3：交通系统的有效运作（关系）

单元大任务：构建有效运作的交通系统
子任务1：交通工具博物馆
子任务2：安全出行大考验
子任务3：交通系统设计师
总结性评估任务：交通系统开放日

一 单元概览

（一）为什么学习这个单元？它对幼儿有怎样的重要意义？

幼儿的探究学习要坚持回归生活、回归社会、回归生命的原则。《3—6岁儿童学习与发展指南》中提出：幼儿的科学学习是在探究具体事物和解决实际问题中，尝试发现事物间的异同和联系的过程。如何在幼儿阶段建立系统思维？交通系统作为社会大系统中的重要组成部分，跟幼儿生活的关系是直接的、具体的、紧密联系的。交通系统提供了一个让幼儿跟周围世界建立关系的媒介，依托对交通系统的学习，幼儿可以探究交通系统中不同的人和工作、交通规则的重要性、交通系统各要素之间的关系等具体内容。这些融合了科学、社会、健康、语言等多个领域的综合学习内容，具有超学科属性。

（二）本单元探究内容所属领域的核心素养是什么？所属领域的大观念是什么？

本单元指向的核心素养是"乐探究、乐表达、有责任"，聚焦于"特点、规则、系统"来探究交通系统运作的规律。幼儿将围绕交通系统的各个组成要素开展探究。交通工具作为交通系统中最直观的要素，是探究形式和功能的载体。幼儿可进一步从道德的角度对交通规则、交通标识以及交通参与者进行探究，由具象到抽象、由表象到本质，逐步建构对交通系统运作和人们生活之间关系的理解。因此，我们提炼的单元大观念为：有效运作的交通系统便利了人们的生活。

（三）延伸出的核心任务和核心教学策略是什么？

如何知道幼儿理解了"有效运作的交通系统便利了人们的生活"？最能表现幼儿理解的大任务就是构建一个有效运作的交通系统。基于此，我们把大任务具体化为四项子任务——交通工具博物馆、安全出行大考验、交通系统设计师、交通系统开放日，其中交通系统开放日具有总结性评估的性质。

大任务催生了适宜于教师教和幼儿学的教学策略，本单元的核心教学策略主要有以下两点。

一是实践性。理解是靠"实践"来实现的，教师引导幼儿参与、完成任务的最终目的是让幼儿建构理解。对于学龄前儿童来说，依靠说教获得的理解是短暂的、不深刻的、迁移范围受限的，因此教师在活动设计中要尽可能地提供观察、操作、表达、交往等机会支持幼儿自主完成任务，而非传递式地宣讲。

二是游戏性。教师创设交通系统的游戏情境，支持幼儿在自主游戏体验中发现问题、分析问题、解决问题，进而建构对交通系统和人们生活之间关系的理解。教师在集体性质的教学活动中也设计了不同的规则性游戏，开展更符合小班幼儿年龄特点的集体教学。

（四）结合整个探究计划图谱，本单元与前后单元的勾连关系如何？

在小班前期"我和自己"的单元中，幼儿通过对自己家庭、幼儿园、社区中不同角色和职责的探究，已经积累了角色游戏的经验，幼儿的游戏经验尤其是对角色身份的理解将会贯穿于本单元交通系统的游戏中，对人和人之间关系的探究也会在教师的支持下升级为建构交通系统中交通参与者之间的关系。幼儿在本单元对交通工具形式和功能、交通系统和人们生活关系的探究也将为大班"世界运作"单元——发明创造奠定经验基础，激发幼儿对发明创造的兴趣。

二　大观念的生成

（一）用超学科主题确定学习的意义

在大观念课程框架中，超学科主题是组织课程内容的重要工具，不但用于制订整个幼儿园的探究计划，而且指向了全球具有重要性的六大问题。本单元属于"人与社会"维度中的"我和组织"的子主题。这个案例聚焦的细则是：通过对系统的探究，理解社区与规则的关系、系统的结构与功能。

幼儿作为社会组织中的一员，很自然地会与交通系统建立关联，教师如何聚焦交通系统各要素以符合幼儿年龄特点的方式让幼儿开展超学科学习，需要在活动设计、材料投放、环境创设等课程要素中贯彻儿童立场、渗透关键经验，同时呼应主题学习的意义。

表6-2　对标材料分析

学前儿童学习与发展核心经验		超学科主题	学习的意义
发展领域	关键经验		
科学	**观察：** ● 观察目的：进行以外在任务为指向的观察 ● 观察方法：尝试学习基本的观察方法 ● 观察内容：对事物现象外在特征的观察 **分类：**依据事物的表面特征进行分类	我和组织	指向对人类创造的各种组织和系统的探究。了解组织、系统的结构与功能；探索经济活动对人类与环境的影响；理解制度、规则的重要性，以及人类在组织中的创造性
社会	**社会规则：**了解并养成遵守公共场所规则、安全规则的行为习惯		
健康	**社会适应安全：**认识常见的交通标识，并能通过交通标识的颜色明白其基本含义，遵守安全规则		
语言	**说明性讲述：** ● 在有凭借物的情况下，能够在集体面前独立讲述 ● 能够使用事物的规范名称 ● 能够讲述直观的事物特征，如某事物的外形特征 **创意书写表达：**借助图画来表达想法		

（二）用概念视角统整知识与技能

学前儿童学习与发展核心经验和超学科主题只是确定了探究的大方向，概念架起了探究的主要脉络。在梳理学前儿童学习与发展核心经验的过程中，我们发现："系统"作为本单元最核心的概念，在科学、社会、健康等领域均有体现；"规则"可以融合社会领域的社会规则以及健康领域的社会适应安全；"特点"可以融合科学领域的观察、分类以及语言领域的说明性讲述和创意书写表达等。

这些相关概念经过"形式、功能、道德、关系"的聚焦，生成了本单元的三条探究线索。

线索1：不同的交通工具及其作用。（形式、功能）

线索2：践行安全出行的规则。（道德）

线索3：交通系统的有效运作。（关系）

探究线索框定了本单元的探究范围，围绕这三条线索组织探究活动，幼儿将形成以下理解。（见表6-3）

表6-3　概念整合学科知识

幼儿将知道的知识（K）	幼儿将发生的概念性理解（U）
1. 常见交通工具的名称、外形和用途（科学）	U1：不同的交通工具有不同的作用（形式、功能）
2. 不同交通工具的乘坐流程和规则（社会） 3. 安全出行注意事项（健康） 4. 交通标识含义和作用（语言）	U2：规则保障着人们的安全出行（道德）
5. 交通系统的构成要素（科学）	U3：交通系统的运作需要多个要素的共同参与（关系）

综上所述，我们用图6-1来表示概念之间的层级关系。

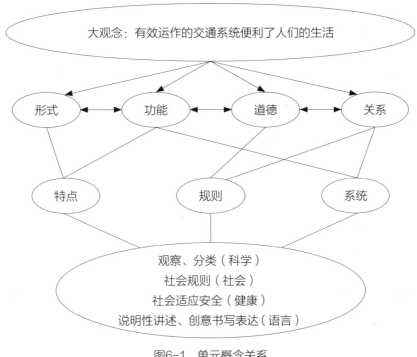

图6-1　单元概念关系

（三）明确要培养的探究能力

1. 批判性和创造性思考能力

● 识别物体具备的一些显著特征。

137

- 发现物体之间存在的异同并进行简单分类。
- 尝试把已有的经验迁移到新任务和新情境中。

2. 社交和情感能力

- 在集体任务中愿意承担角色，并完成自己负责的工作。
- 发生冲突或遇到困难时能寻求成人的帮助。

3. 交流、协作和资讯科技能力

- 在集体面前大胆表达自己的喜好、想法和发现，尝试用尽可能多的语言说明自己了解的信息。
- 能通过实物观察、实地观摩、查阅书籍、倾听讲解等渠道获取资讯。
- 识别简单图画、符号所表达的意思。

（四）设计育人目标

品格培养通过"做事"来实现。任务的确定和对探究能力的定位，决定了本单元对幼儿品格、价值观的培养方向是：乐探究、乐表达、有责任。

以"乐探究、乐表达、有责任"为例，本单元要收集的证据如下。

乐探究：幼儿在马路观察、乘坐高铁、参观博物馆、绘本馆查阅信息等活动中对交通系统各要素表现出好奇，并能运用观察、比较、记录等方法开展探究；根据教师提出的问题进行思考和行动，尤其是在与交通规则相关的集体活动中，幼儿能积极参与规则游戏和讨论以建构理解；在交通系统游戏中，幼儿通过角色游戏对交通系统各要素之间的关系进行探究。

乐表达：幼儿在本单元中的表达主要以口头语言、符号表征、创意作品、行为行动四种方式进行呈现，例如：经验调查表分享、介绍自己喜欢的玩具属于使用口头语言表达对交通工具特点的理解，通过观察记录马路上有什么、学习跟交通相关的绘本属于符号表征，制作交通工具、交通设施、交通标识等交通系统中的物品属于创意作品，在游戏中通过游戏情节表达对交通参与者工作的尊重、遵守交通规则属于行为行动。

有责任：幼儿能按照规则乘坐交通工具，保障自己和他人的安全；在建构自己班级交通系统的活动中，幼儿将自己作为交通系统这一组织中的一员、作为集体活动中的一员积极参与讨论、发现问题和解决问题、勇于承担角色责任，为班级交通系统的建构和运作贡献自己的力量。

我们用图6-2来展示大观念生成的路径。

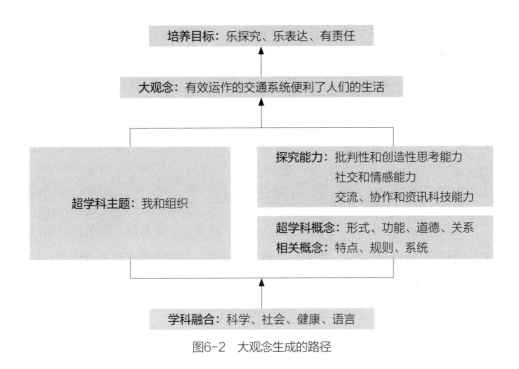

图6-2　大观念生成的路径

三　大任务的创设与评估

（一）大任务的设计

1. 大任务的设计依据

大任务承载着大观念，因此大任务设计的直接依据应指向幼儿对大观念的理解和建构。通过剖析本单元的大观念"有效运作的交通系统便利了人们的生活"，我们不难发现交通系统的构成、交通系统的运作、交通系统和人们生活的关系是设计本单元大任务的重要元素。

大任务以"做事"的方式来表现理解，只有让幼儿参与对交通系统的打造，幼儿才能真正理解"系统运作"这个概念。

幼儿对大观念的理解和建构并不是一蹴而就的，教师基于小班幼儿的认知特点，将单元大任务细化为逐步进阶的子任务。子任务1——交通工具博物馆，幼儿将了解不同交通工具的形式和功能；子任务2——安全出行大考验，幼儿将阐明安全出行的相关规则；子任务3——交通系统设计师，幼儿应用关于交通系统各要素的已有经验在教师的支持下构建交通系统；总结性评估任务——交通系统开放日，基于本班对子任务3的探究，引导幼儿走出班级到其他班级体验不同交通系统的运作，进一步激发幼儿在真实的、不同的情境中建构理解。

2.大任务的设计原则

大任务的设计遵循了三原则，重点体现了重要性、学科性、相关性，同时充分考虑幼儿的年龄特点、前期经验和发展水平。三原则在大任务设计的过程中往往是协同发挥作用的，子任务和总结性评估任务理应也要兼顾三原则。

从重要性来看，交通系统是帮助幼儿建立社会群体关系的重要课程资源；从学科性来看，交通主题可以融合科学、社会、健康及语言领域的诸多内容；从相关性来看，交通工具可被开发为幼儿的玩具，交通安全是幼儿重要的生活常识，基于游戏体验进行教学，继而让幼儿理解"系统"概念是可实施的。

（二）大任务的评估

我们的评估分为三类：形成性评估、元认知（反思性）评估和总结性评估。

1.形成性评估

概念性理解的建构是基于幼儿已有经验的。因此，大观念教学，就是根据幼儿现有理解不断调整教学的过程。形成性评估就是服务于教学的评估。由于学龄前儿童学习方式的特殊性，教师对幼儿的评估更多的是从幼儿的行为观察、作品分析和观点表达中捕捉幼儿概念性理解的证据。这就决定了形成性评估无时不在发生。

比如：在子任务1"交通工具博物馆"中，教师会根据幼儿制作的交通工具评估幼儿对交通工具形式和功能的理解程度；在子任务2"安全出行大考验"中，教师会观察幼儿在交通游戏中实际的行为表现，据此评估幼儿对交通规则的理解情况；在子任务3"交通系统设计师"中，教师会基于幼儿在建构交通系统中承担的工作和过程性的表现，评估幼儿对交通系统构成要素及要素之间关系的理解。

2．元认知（反思性）评估

元认知（反思性）评估是幼儿对自己学习的反思。

比如，本单元设计了让幼儿完成《单元前期经验调查表》和在倾听他人介绍后再投票选择"自己最喜欢的交通工具"的活动，让幼儿的选择有来自多方的信息作为依据。

再比如，教师将幼儿园内进行的"马路上的大发现"活动延伸到家庭，幼儿将在一段时间的来离园途中反复观察并持续思考"马路上有什么？还有什么？除了交通工具还有什么？"等问题。此外，"问题"也是元认知（反思性）评估的重要工具，班级创设"问题墙"记录幼儿在单元开展过程中提出的、遇到的问题，教师提出一些具有概念性驱动性质的问题让幼儿能根据探究经验不断迭代出新理解，如"什么是交通工具？""为什么不是交通工具？"等问题就指向幼儿对交通工具特点的持续建构。

3．总结性评估

总结性评估是基于子任务3"交通系统设计师"而设计的。单元开展过程中每个班级设计并重点探究了一种交通系统的运作，年级组的教师决定班级之间互相开放，让幼儿经由对不同交通系统的体验，整合对大观念的理解。教师设计了相应的评估（观察）要点，据此捕捉幼儿在活动中的表现。此外，教师也设计了相关的互动问题，对幼儿在活动中的思考和观点进行记录。

四 大观念的实施

我们以默多克的探究六循环作为大观念实施的依据，本单元的探究活动安排如下。

（一）进入探究

1. 前测与激发

提出问题：你认识/见过/乘坐过哪些交通工具？你喜欢什么交通工具？

单元探究开始之前，教师向幼儿和家长发放了《单元前期经验调查表》，并告知了家长本单元探究对幼儿发展的价值和意义，鼓励家长协助幼儿共同完成《单元前期经验调查表》。调查表的内容主要围绕幼儿对交通工具的感性认知和对交通工具的提问展开，教师组织幼儿在班级中以集体或小组的形式进行分享，并围绕"交通系统"这个核心概念进行已知经验和未知经验的梳理。

幼儿从家中带来自己喜欢的交通工具模型和玩具进行介绍，教师鼓励幼儿介绍玩具的名称、颜色、玩法，并引导幼儿同好朋友分享玩具。小汽车、飞机、双层巴士、小船、潜水艇、警车、变形金刚变身的赛车……，各种交通工具玩具让幼儿玩得不亦乐乎。幼儿介绍和分享完玩具后，教师请幼儿来为自己喜欢的交通工具投票。

为了进一步丰富幼儿对交通系统的认识，教师带领幼儿走出教室到户外进行有目的的观察，围绕"马路上有什么？"这一驱动性问题，幼儿通过观察及同伴交流，尝试记录下自己在马路上看到的事物。此外，教师也把这个任务延伸到家庭，号召家长在每天接送幼儿的途中引导幼儿观察并交流"马路上有什么？"。在"马路上的大发现"海报绘制中，幼儿首次尝试梳理自己对于交通系统要素的理解。"原来马路上不仅仅只有车"，幼儿对马路、高架桥、司机、

图6-3　幼儿介绍自己喜欢的交通工具

乘客、交警、救护车、红绿灯、斑马线、指示牌等内容的关注形成了对交通系统各要素的初步感知。

2．提出并定义问题

基于对单元大观念的解构和剖析，以及大任务落实和推进的需要，教师通过年级组协作备课共创出以下问题（部分）：

- 什么是交通工具？
- 交通工具是什么样子的？
- 交通工具有什么作用？
- 马路上除了交通工具还有什么？
- 马路/铁路/机场有哪些工作人员？
- 交通设施有哪些？
- 去哪里搭乘交通工具？
- 如何搭乘交通工具？
- 交通标识有什么含义？
- 交通规则有哪些？

教师带领幼儿走进绘本馆，寻找跟"交通"相关的绘本和资料。幼儿围绕"自己喜欢的绘本""故事里发生的好玩有趣的事情"等话题进行信息收集、阅读、记录、交流，并围绕"交通"进行提问。

教师将幼儿提出的跟"交通"相关的奇思妙想以图文并茂的方式记录在班级"问题墙"上，并引导幼儿尝试将自己的问题用符号进行表征。伴随主题探究的推进，持续对幼儿的问题进行收集和记录，幼儿的问题（部分）如下：

- 为什么有这么多交通工具？
- 世界上有多少种交通工具？
- 为什么红灯要停下来？
- 斑马线是谁画的？
- 为什么飞机会飞？
- 为什么船不会沉？
- 为什么有的船可以一直在水里？
- 为什么车轮是圆的？
- 高铁为什么需要在轨道里开，汽车不用？
- 交通规则有哪些？

3. 制订计划

教师用探究线索梳理幼儿的问题和经验，进一步完善教学设计，细化各阶段的学习活动。

（二）探究发现

1. 学习目标

（1）概念性理解

U1：不同的交通工具有不同的作用。

（2）探究能力

批判性和创造性思考能力，交流、协作和资讯科技能力。

2. 学习活动

（1）激发问题

世界上有多少种交通工具？交通工具的样子都长得一样吗？我们为

什么需要交通工具？

（2）完成子任务1：交通工具博物馆

线索1：不同的交通工具及其作用。（形式、功能）

（3）活动安排

活动1：认识身边的交通工具

幼儿园的停车场里停了很多车，"这辆车是谁的?""我喜欢这辆白色的车"，教师带领着幼儿从身边的车开始探究。通过亲身观察和体验乘坐，幼儿对交通工具的外部和内部构造进行了感知。在保障安全的情况下，教师引导幼儿观察并尝试触摸车的轮胎、后备厢、安全带、引擎、油箱、方向盘等车的配件，并邀请车主——园长妈妈跟幼儿进行"我来问你来答"的互动活动，幼儿对汽车配件的功能进行了重点提问，并向园长妈妈提问"您什么时候会开车?""开车去做什么事情?"等问题，了解了车的多样功能。

图6-4 认识身边的车

活动2：社会实践——参观交通博物馆

幼儿在教师和家长的带领下参观了汽车博物馆、地铁博物馆、飞机体验馆，在参观的过程中幼儿对同一个展馆中陈列的不同款式的交通工具产生了浓厚的兴趣。幼儿通过探究交通工具的特点，获得了更加真实的亲身体验。

通过"交通工具听一听、比一比"的活动，教师以不同交通工具鸣笛的声音作为导入，调动幼儿探究交通工具特点的兴趣，教师引导幼儿仔细观看与交通工具相关的图片、视频并鼓励其说出不同交通工具的外形特征，感知交通工具的多样性。幼儿对救护车、消防车、警车等日常生活中具有特殊功能的交通工具，表现出了更加浓厚的兴趣。在"交通工具VS非交通工具"的对比环节，幼儿通过贴纸投票表达观点，并说明为什么不是交通工具？，强化幼儿对"什么是交通工具？"这一问题的理解。

教师以大班哥哥姐姐制作小船的故事为引子，拓展了幼儿对交通工具功能的了解。借助绘本《加油，火神山上的工程车》，幼儿加深了对交通工具功能重要性的认识。教师引导幼儿回忆以往乘坐交通工具的经历，梳理了不同交通工具在人们日常生活中的作用。

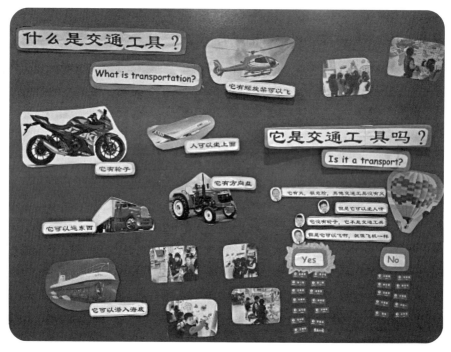

图6-5　交通工具VS非交通工具对比

活动4：交通工具分分类

基于对交通工具形式和功能的探究，教师通过"交通工具分分类"活动引导幼儿将前期探究的经验进行初步运用和迁移。活动开始前，先引导幼儿回顾不同交通工具的特点。第一次活动，教师将"这是行驶在哪里的交通工具？"作为驱动性问题，引导幼儿从"位置"这一标准出发进行分类。幼儿完成海陆空交通工具的分类后，教师还引导幼儿进一步梳理出海陆空交通工具的特点。第二次活动，幼儿围绕"还可以怎么分类？"进行思考。教师先让幼儿进行自主探索。分类的过程即幼儿建构对交通工具特点理解的过程，幼儿对交通工具（模型）的颜色、长短、快慢、轮子数量、轮子花纹、功能等特点的探究更加深入。

活动5：创作自己喜欢的交通工具

幼儿利用教室中的低结构材料（废旧纸箱、纸板、瓶子、绳子等）和各类工具（剪刀、胶棒、颜料等），制作自己喜欢的交通工具。不管是平面的展

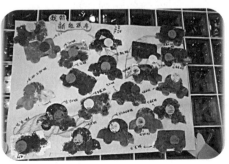

图6-6　幼儿制作的交通工具

品，还是立体的模型，不管是一幅涂色的交通工具图片，还是用各种形状拼贴的图画，幼儿将自己前期对交通工具特点的探究经验和理解表现在了自己的作品中。教师不对幼儿制作交通工具的种类、数量进行要求，只关注幼儿当下制作交通工具时对"不同交通工具异同"的概念性理解是如何呈现的。当幼儿表征的交通工具发生科学性和创新性的冲突时，教师重点记录幼儿的创造性想法并进行赞许。

作品完成后，教师跟幼儿一起将各种各样的交通工具作品陈列在教室中，开启班级交通工具博物馆的巡展活动。除了班级内幼儿间的互相观察，幼儿还邀请其他班级的小朋友、家长和老师来到自己的班级，看一看交通工具的样子、玩一玩交通工具的游戏、听一听交通工具的介绍。

3．教学策略

该环节使用的主要教学策略有问题驱动、观察体验、动手制作、画廊漫步等。

（三）梳理建模

1．学习目标

（1）概念性理解

U2：规则保障着人们的安全出行。

（2）探究能力

批判性和创造性思考能力，社交和情感能力，交流、协作和资讯科技能力。

2．学习活动

（1）激发问题

马路上除了交通工具还有什么？安全出行需要遵守哪些规则？

（2）完成子任务2：安全出行大考验

线索2：践行安全出行的规则。（道德）

（3）活动安排

再次回顾"马路上的大发现"海报，教师和幼儿一起梳理了马路上除了交通工具以外的其他事物，交通标识、交通规则、交通人员、交通设施等成了幼儿探究的新内容。

活动1：交通标识本领大

教师和幼儿一起阅读和讨论了《兔子先生去散步》的绘本故事内容，观察和理解"标识"所代表的含义，感受"标识"在活动中的重要作用。随后，教师跟幼儿回顾了"马路上的大发现"海报，请关注到交通标识的幼儿将自己知道的跟交通标识有关的内容分享给其他幼儿，并鼓励幼儿对身边的交通标识进行交流讨论。在"交通标识的秘密"活动中，教师为幼儿提供了红、黄、蓝三种不同颜色的交通标识和生活中的场景，支持幼儿借助图片、视频资料分析不同颜色标识所代表的含义。此外，教师也有意识地引导幼儿关注标识中出现的各种符号，调动幼儿的创造性思考技能以大胆猜测符号的含义。幼儿也根据自己游戏的需要制作了交通标识。

活动2：交通规则请注意

在"小汽车请慢行"活动中，教师运用节奏快慢分明的音乐、语言提示、符号标识等为幼儿创设了小汽车行驶过程中可能遇到的不同情境，以游戏闯关的方式引导幼儿体验交通规则的含义。红绿灯作为重要的交通标识，它的规则是什么呢？教师将红绿灯作为跟幼儿游戏互动的工具，在红灯停、绿灯行、黄灯亮了等一等的游戏中，调动了幼儿自觉遵守红绿灯规则的积极性。由于交通规则对幼儿来说比较抽象，教师还在班

图6-7　幼儿体验交警角色

级环境中创设了墙面游戏，让幼儿在一日生活中有更多机会与同伴讨论交流跟交通规则相关的话题。

活动3：交通人员请就位

在各种场景的交通游戏中，幼儿对交警、安检人员、维护现场秩序的工作人员都有极大的兴趣。这些人员是交通系统非常重要的组成部分，那么他们需要具备哪些本领呢？交警手势信号吸引了幼儿的注意，立定站直、挥动手臂、转动身体……，幼儿做得有模有样。在游戏中，幼儿将前期探究交通标识、交通规则的经验运用到了游戏中，为维护交通系统安全运作贡献了自己的力量。此外，小乘客、小司机作为交通系统中的一分子，在交通游戏中也遵守着交通规则。交通游戏越玩越起劲了！偶尔出现"违规"行为时，交警的及时出现总能帮助大家把问题解决。

活动4：社会实践——高铁出行一日游

当我们外出乘坐交通工具时，作为一名乘客也需要遵守规则让自己的出行安全顺利。在家长的带领下，幼儿分小组开展了高铁出行体验活动，每个小组结合自己的分工重点记录并研究一个问题。第一个小组的研究问题是"乘坐高铁的流程是什么？"，幼儿在家长的带领下体验了"购票—进站—安检—检票—上车—就坐"的完整流程。第二个小组的研究问题是"高铁站有哪些工作人员？"，幼儿在高铁出行当天重点寻找高铁站不同地方的工作人员并对他们进行采访，了解他们的工作职责。第三个小组的研究问题是"高铁上的标识是什么意思？"，幼儿在乘车前、乘车中、乘车后寻找张贴在地面、墙面、高铁上等不同位置的标识。

3. 教学策略

该环节使用的主要教学策略有可视化思维工具、符号表征、社会实践等。

（四）深入探究

1．学习目标

（1）概念性理解

　　U2：规则保障着人们的安全出行。

　　U3：交通系统的运作需要多个要素的共同参与。

（2）探究能力

　　批判性和创造性思考能力，社交和情感能力，交流、协作和资讯科技能力。

2．学习活动

（1）激发问题

　　马路上是安全的吗？

（2）完成子任务2：安全出行大考验

　　线索2：践行安全出行的规则。（道德）

　　线索3：交通系统的有效运作。（关系）

（3）活动安排

　　幼儿在教室的马路游戏中发现问题、解决问题的过程即概念理解并迁移运用的过程。在每次游戏后的交流分享环节，教师带领幼儿表达问题、澄清问题。幼儿通过问题解决来体现对大观念的理解，教师按幼儿的实际需要生成活动。

活动1：小标识，大作用

　　游戏中严重的交通拥堵引起了教师和幼儿的讨论：为什么会出现交通拥堵？马路上是安全的吗？经过讨论，大家一致认为导致本次交通拥堵的原因是教室里的"马路"没有指示方向的箭头，所以司机和行人不知道要怎么走。教师基于幼儿交通标识的前期活动经验，设计了专门针对"箭头"标识的集体教学活动，同时进一步拓展幼儿对不同交通标识的经验，引导幼儿建构对标识含义的理解，同时鼓励幼儿自主尝试制作交通标识张贴在教室"马路"上。交通标识到底有没有发挥作用呢？在随后的游戏中，教师鼓励小司机们继续反思交通标识的问题，幼儿也基于游戏体验的真实需要，发现了马路上箭头的问题，如马路转弯箭头位置贴错、同一条路上箭头方向不一致、部分路段缺少箭头等，幼儿对问题进行逐一讨论并实施针对性改进。

活动2：交通设施再完善

随着游戏的持续深入，真实情境中问题解决的需要激发了幼儿对摄像头、信号灯、减速带、隔离护栏、隔音护栏、临时停车场等不同交通设施探究的需求，教师跟幼儿系统梳理了马路上的交通设施，随后根据幼儿对问题原因的分析选择适合的交通设施补充在教室的马路上。

表6-4　问题解决过程

发现的问题	问题分析	解决办法
转弯的地方司机速度很快，容易撞车	转弯的地方需要有提醒司机减速的交通设施	制作"减速带"，放在快转弯的地方
追尾加塞，容易拥堵	司机在马路上乱停车、长时间不走，要有专门停车的地方	开辟一块空地作为"临时停车场"
司机违反了交通规则不承认	马路上都有摄像头可以监视司机，但我们教室的马路上没有	用教室里的"安全摄像头"
交叉路口车辆和行人发生碰撞	道路上没有提供专门让行人走的路	设置"斑马线"
环岛路段车辆撞上了红绿灯	道路太窄，地面已经有箭头指示方向，不需要红绿灯	撤掉"红绿灯"
行驶中司机想要调头但跟其他车辆碰撞	真实的马路上有虚线和实线，虚线就可以调头，教室马路上只有实线	加油站、超市、停车场、乘客上车点等车子要进去的地方都需要变道，即时剪贴小按距离贴在实线上

活动3：我是合格小交警

班级幼儿作为小主人邀请其他班级的小朋友来玩交通游戏时，由于其他班级的小司机、小乘客不了解交通规则，导致交通事故增加，而班级虽然有小交警但交通事故依然只增不减，这是为什么呢？经过分析，主要是小交警喜欢指挥小司机，但是对于小司机行驶过程中做了什么没有关注。因此，教师和幼儿一起讨论了成为一名合格小交警的工作标准和要求，主要包括在工作的过程中要关注：汽车是否按照箭头行驶；车辆是否停在规定的地方；交通手势是否规范；处理交通事故是否及时等。

3. 教学策略

该环节使用的主要教学策略有问题驱动、游戏体验、社区联动等。

（五）建构理解

1. 学习目标

（1）概念性理解

U3：交通系统的运作需要多个要素的共同参与。

（2）探究能力

批判性和创造性思考能力，社交和情感能力，交流、协作和资讯科技能力。

2. 学习活动

（1）激发问题

可以把教室变成一架飞机吗？机场系统是怎么运作的？

（2）完成子任务3：交通系统设计师

线索3：交通系统的有效运作。（关系）

（3）活动安排

活动1：教室里的飞机

"你最喜欢什么交通工具？""你想要把教室变成你喜欢的交通工具的样子吗？"经过班级幼儿的投票，确定了把教室改造成一架飞机的任务。

绘本阅读——教师和幼儿一起阅读《飞机旅行》《第一次坐飞机》等跟"飞

机"相关的绘本。前期对交通系统要素的探究让幼儿了解到飞机作为交通工具是其相应系统中的一部分，在绘本阅读的过程中，除了关注飞机本身的信息，教师也引导幼儿思考"飞机要起飞还需要什么?"。

设计图纸——"飞机上有什么?""飞机的里面和外面是什么样子的?"……，在这些问题的讨论中，教师和幼儿一起设计了属于自己班级飞机的图纸。这些设计图纸不仅展示了幼儿前期从绘本、视频、画册、模型中观察到的内容，也反映出他们对飞机基本结构的理解。经过举手表决，大家确定了公认的最出色的设计图纸，并着手对教室进行改造。

添置设施——为了让教室里的飞机更加真实，幼儿用各类低结构材料制作了挡风玻璃、仪表盘、操纵杆、按钮、安全带、飞机上的标识、电动舱门以及客饭和饮品等与飞机有关的元素。

活动2：飞机起飞前的准备

明确分工——"飞机上有哪些工作人员呢?"，针对这一问题，教师支持幼儿按照自己的意愿选择自己喜欢的工作。"我要当机长""我要当空姐""我要当乘客"，幼儿结合前期的游戏经验、绘本阅读经验以及生活经验进行选择。

制造机坪——"飞机可以起飞了吗?"，很多幼儿觉得已经准备充足了，但仍然有幼儿提出了不同的想法："我在机场看到很多的车，我们教室没有那些车，还不能起飞。"教师邀请飞行员爸爸来到教室跟幼儿分享关于"机坪"的知识。幼儿知道了机坪上停放着各式各样的车辆：油罐车、行李车、行李传送带车、摆渡车、食品供应车等。围绕这些特殊车辆，引导幼儿讨论它们与飞机起飞之间的关系。

然而，我们该去哪里找这些不同的车呢? 幼儿看看教室里那些之前自己制作的"交通工具"，瞬间有了灵感——把之前在教室里玩过的"交通工具"变成机坪上的车。幼儿根据"旧车"的不同特点赋予了这些交通工具新的身份。

新建塔台——基于幼儿的问题："飞机准备好了吗? 飞机什么时候可以起

飞?"，教师用另一个问题进行回应："飞机是机长操控的，机长想什么时候飞就能什么时候飞吗?"有的幼儿给出了回复："肯定不行，机长要听塔台的，我爸爸是机长，我妈妈在塔台里，爸爸要听妈妈的。"教师带领幼儿再次翻阅《飞机起飞了》这个绘本，他们明白了要让飞机起飞，不仅需要机组人员的努力，还需要联系塔台和控制中心，最终我们将塔台设在操场最高的树屋里，塔台工作人员尝试使用对讲机跟机长进行沟通。

3．教学策略

该环节使用的主要教学策略有问题驱动、信息查阅、情境体验等。

（六）知行合一

1．学习目标

（1）概念性理解

U2：规则保障着人们的安全出行。

U3：交通系统的运作需要多个要素的共同参与。

（2）探究能力

批判性和创造性思考能力，社交和情感能力，交流、协作和资讯科技能力。

2．学习活动

（1）激发问题

飞机系统是怎么运作的？不同的交通系统是怎么运作的？

（2）完成子任务3"交通系统设计师"和总结性评估任务"交通系统开放日"

线索2：践行安全出行的规则。（道德）

线索3：交通系统的有效运作。（关系）

（3）活动安排

活动1：我们的飞机起飞了

为了让幼儿的飞机起飞体验更加真实、更加难忘，我们邀请了机长爸爸和乘务员妈妈一起参与飞机的"首航"。机长爸爸与塔台、控制中心的小工作人员紧密沟通，乘务员妈妈进行专业的飞行前播报，并提供多样化的服务。幼儿对飞机系统的运作建构了更加全面、更加深入的理解。

活动2：机场系统运作反思

在游戏过程中，教师经常带领幼儿反思、梳理机场系统游戏中遇到的问题和困难，并一起探讨解决方案。在讨论中，教师发现幼儿更多反馈的是影响机场系统安全的问题。经过讨论和实践，幼儿对交通系统运作规则的理解更加深入了。

表6-5　问题解决过程

发现的问题	问题分析	解决办法
驾驶舱经常有乘客随意进入	不清楚乘客安全出行的规则，教室里的驾驶舱和客舱之间是没有隔离的	制作文明乘客公约 驾驶舱增设隔离栏 制作"禁止入内"的标识
乘客不喜欢提供的食物，乘客说食物坏了	食物种类很少，没有准备冷藏食物的冰箱	准备更加丰富的食物 准备一个冷藏食物的箱子当作冰箱

活动3：交通系统开放日

"交通系统开放日"是年级组各班级的联动活动，在这项活动中，幼儿有机会走进其他班级创设的不同交通系统参与趣味体验活动，以驾驶员、乘客的身份感受不同的交通系统下各个要素的构成和运作，尤其是对不同身份应该遵守的规则有了更加直观的了解。

3．教学策略

该环节使用的主要教学策略有问题驱动、情境体验、反思总结等。

五　教学反思

（一）教前反思

1．基于单元目标的反思

大观念、新能力、新知识在大观念课程设计与实施中缺一不可。大观念——有效运作的交通系统便利了人们的生活，对于幼儿建构"我和组织"的主题意义是有价值的，该大观念是单元下概念（超学科概念、相关概念、学科概念）的统一体，并且建立了幼儿理解交通系统和人们生活关系的纽带。幼儿园大观念课程不排斥知识和技能的作用，因为相关的知识和技能是幼儿参与大任务的基础，领域核心经验是基于大任务的完成来选择的，它们既是支持幼儿参与大任务的工具，也是幼儿在探究学习中经由大任务还需要不断提升的新的经验。

2．基于学情的反思

兴趣是最好的老师，小班幼儿喜欢操作、摆弄交通工具玩具和模型，对交警、司机等角色有模仿的意识，这就为本单位的探究学习打下了良好的基础。并且，幼儿对交通系统的经验是相对零散的，他们了解交通系统的个别要素，但是对于各个要素之间的关系无法建立直接联系，因此需要以大观念下的大任务为引领对交通系统进行以理解为目的的探究。此外，探究学习必须立足幼儿的思维特点和认知规律，大观念对于幼儿来说本身就是抽象和难以简单理解的，因此，观察模仿、亲身体验、动手操作、多感官参与、玩中学等适合幼儿学习的手段必须渗透在单元设计和活动实施中。

（二）中期反思

针对幼儿的兴趣与疑问，我们如何回应以支持幼儿的自主探究（差异化教学）？

（1）组织形式的灵活性

在"进入探究"阶段，除了分享交流外，教师没有额外组织集体形式的教学活动，幼儿只是基于任务，有目的地倾听、观察、思考、记录、表达，主角是幼儿，教师在此过程中进行适当的组织，并对幼儿的已有经验进行小结。这样的设计对不同发展水平的幼儿来说有不同维度的价值，对有些幼儿来说这是经验的梳理，对有些幼儿来说则是经验的提升。从"探究发现"到"梳理建模"阶段，针对幼儿对交通系统要素和交通规则的探究仅靠直观感知无法建构起更深层次的理解的情况，教师组织的集体教学活动比重有所增加，虽然是集体活动，但也是以规则游戏的形式开展的，而非传统意义上的知识讲解和介绍。从"深入探究"直至探究循环的结束，幼儿对概念的建构是在游戏中发生的，教师以不同的结构化活动推进幼儿的概念性理解。

（2）环境与材料的开放性

幼儿对交通系统的前期经验是存在差异的，幼儿对大观念的建构也会因学习特点和方式的不同而有所差异，因此，环境与材料作为幼儿建构理解的重要支持无法一刀切，必须具备一定的开放性。环境的开放性体现在，教师没有在单元初就创设完美标准的探究环境，从交通系统要素考虑，很多要素其实是欠缺的，而这恰恰为幼儿提供了发现问题和解决问题的机会，幼儿在游戏中基于游戏情节推进的需要催生了大观念建构的认知冲突。材料的开放性体现在，教师提供给幼儿用于制作交通工具、交通设施的材料以低结构、可循环利用的材料为主，低结构材料更能激发幼儿的创造性思维，且能让每个幼儿制作出各具特点的作品。

（3）活动内容的生成性

本单元的活动内容兼顾了预设和生成的关系，以更有效地支持幼儿的探究，即基于幼儿探究的真实需求，而非教师头脑中幼儿的需要设计活动内容。大观念课程并非照本宣科地由幼儿执行教师预设的活动，因为幼儿的经验和兴趣具有不稳定性，在既定的活动内容之外，教师需要跟随幼儿的探究经验和兴趣，适时地对活动内容或补充、或删减、或调整顺序。比如，"深入探究"阶段的活动内容，是教师基于幼儿马路游戏后的分享生成的，幼儿遇到了什么问题，教师就提供相应的活动支持和经验补充，以支持幼儿更好地建构理解，这是幼儿在前、教师在后的教学行为的具象化。

（三）教后反思

1. 我们的教学策略在多大程度上帮助了幼儿的理解？

（1）问题驱动是推动理解的起点

大观念的真正理解不能靠教师教、幼儿听，而是在调动幼儿主动思考的基础上，支持幼儿以直接感知、亲身体验、动手操作的方式来建构理解。因此，必须让"问题"成为幼儿建构理解的支架，让"问题"成为深化幼儿理解的载体。预设问题的原则之一是对单元大观念中涉及的概念进行提问，比如"什么是交通工具？"；原则之二是密切联系幼儿的生活经验和认知特点，比如"安全出行需要遵守哪些规则？"；原则之三是问题不求多、不求全，但求精练，指向本质问题，比如"马路上是安全的吗？"。

（2）游戏体验是建构理解的关键

对低幼阶段的幼儿来说，游戏是学习的方式，更是建构理解的方式。在游戏中"做事"展现理解是符合幼儿阶段认知发展规律的。因此，本单元的活动设计中为幼儿提供了大量规则游戏和自主游戏的机会，辅助幼儿理解抽象的概念和大观念。在交通系统的游戏中，幼儿依托不同的角色来开展活动，理解就体现在幼儿游戏情节的推动中，更落实在游戏后幼儿的分享和反思中。

（3）家园共育是补充理解的资源

幼儿建构理解的场域和探究学习的环境不仅仅只有在幼儿园内，家庭甚至是整个社会都为幼儿建构理解提供了丰富的人力资源和物质资源。在单元学习开始前，教师向家长说明了主题开展的背景、价值和意义后，得到了家长的普遍认同，这就为单元中诸如前期经验调查、马路上的大发现、参观交通博物馆、机长爸爸进课堂等活动的开展铺垫了良好的基础。因为有了家长和相关资源的支持，幼儿得以在更真实的任务情境中丰富自己的经验，促进深入的理解。

2．哪些主要证据证明了幼儿发展了对KUD的理解？

单元大任务是学生对KUD理解的集合体，具体体现在大任务"构建有效运作的交通系统"中，体现在幼儿对交通工具、交通规则、交通设施、交通参与者等交通系统要素及其关系的探究中。比如在"交通工具博物馆"的子任务中，聚焦的理解是不同的交通工具有不同的作用（U），幼儿需要根据自己对交通工具名称、外形、用途的认识（K）制作一个自己喜欢的交通工具，这个任务的完成需要幼儿具备识别物体显著特征等能力（D），幼儿会对KUD的理解综合展现在任务完成的过程中。

由于在本单元中幼儿是基于游戏情境不断增加知识、培养能力、建构理解的，因此，KUD也是在幼儿发现问题，教师和幼儿讨论问题，增加、调整或更新缺失交通系统要素的过程中不断发展起来的。比如在交通设施完善的系列活动中，幼儿先前并非不理解规则保障着人们的安全出行（U），也并非不知道交通设施是交通系统的构成要素（K），而是在游戏的过程中，幼儿具备了把已有经验迁移到新任务和新情境的能力（D）后，幼儿根据游戏情节和问题解决的需要催生了要在班级交通系统中增加更多交通设施（K）的想法，进而迭代了自己对概念的理解。

第七章

环境与生活方式：荒岛求生

单 元 主 题　环境与生活方式：荒岛求生

超学科主题　我和时空

单元大观念　地理环境决定了人们的生活方式

单元大任务　荒岛求生

设 计 者　曾莹莹　安　茜

表7-1　单元概览——目标与评估

单元主题：环境与生活方式：荒岛求生

探究内容：环境与生存	适宜年龄：大班	核心素养：乐探究、会创造、会交往	探究时长：8周
创作团队：曾莹莹、安茜		本质问题：地理环境和我们的生活方式有什么关系？	

超学科主题：我和时空	超学科概念：形式、关系、因果 相关概念：环境、生活方式、多样性	领域概念：语言——有条理地讲述 社会——社会环境认知、合作 科学——记录与交流、预测与推断 数学——量的比较、测量

大观念：地理环境决定了人们的生活方式

幼儿将知道的知识（K）	幼儿将发生的概念性理解（U）
1. 不同地理环境的着装习惯、饮食特点、建筑风格、自然景观（社会） 2. 有条理地组织观点的方法（语言） 3. 适应不同地理环境的生活方式（科学）	U1：不同地理环境的人们有不同的生活方式 U2：人们的生活方式受到地理环境的影响 U3：人们选择生活方式以适应环境

4. "量"是相对的，比较的计量单位要均等（数学）	幼儿将具备的能力（D） **批判性和创造性思考能力** 通过接触不同的经验和资料，产生新想法，开启新探究 **社交和情感能力** ● 在探究的过程中，尝试使用录音、数字、图画、符号等各种表征方式记录自己的发现、感受和想法 ● 面对困难与挑战能积极应对，能展现出团队的协作能力 **交流、协作和资讯科技能力** ● 清晰表达自己的想法，并能让人理解 ● 识别、创造并使用符号、标识等来表达想法

探究线索：
线索1：不同地理环境的人们的生活方式（形式）
线索2：地理环境和人们的生活方式的关系（关系）
线索3：人们在环境中选择生活方式（因果）

单元大任务： 荒岛求生
子任务1：海岛生活大搜集
子任务2：海岛的打造与体验
子任务3：荒岛求生
总结性评估任务：离岛行动

一 单元概览

（一）为什么学习这个单元？它对幼儿有怎样的重要意义？

随着大班幼儿对周围世界探索范围的不断扩大，他们逐渐建构起对时空的理解。尽管时空对幼儿来说是非常抽象的概念，但地理环境和生活方式却是具象的，是可以直接体验的。当人们所处的地理环境发生改变，随之见到的景观建筑、服饰装饰、品尝到的饮食、体验到的休闲娱乐活动都因之而不同。

本单元将通过模拟海岛的岛民生活来让幼儿建构空间感，让幼儿发现特定地理环境的特征与人们生活习惯的因果关系，体会到人对自然的依赖；幼儿在虚拟的生存故事中产生问题，通过判断、推理和动手实践形成问题解决的能力；同时幼儿在应对变化与挫折中也建立了自信和乐观的生活态度。

（二）本单元探究内容所属领域的核心素养是什么？所属领域的大观念是什么？

本单元指向的核心素养是"乐探究、会创造、会交往"，所属的社会领域的大观念是"地域和空间"，聚焦于"环境、生活方式、多样性"这三个相关概念。通过幼儿分享不同旅行经历的活动，可得知他们已有对不同地理环境及其人们生活方式的部分经验。他们在亲手打造海岛环境，在海岛变荒岛的过程中，不断探索不同地理环境与人们独特生活方式之间的联系。因此，我们提炼的单元大观念为：地理环境决定了人们的生活方式。

（三）延伸出的核心任务和核心教学策略是什么？

大观念决定大任务，在梳理总结幼儿已有经验，初步形成大观念理解后，我们设计了一个迁移任务——"荒岛求生"，通过四项子任务来检验幼儿在新环境下，运用大观念解决现实问题的能力，它们分别是"海岛生活大搜集"、"海岛的打造与体验"、"荒岛求生"和"离岛行动"。

大任务决定教学策略，本单元的核心教学策略主要有以下两点。

一是生成性。我们在进行海岛探究过程中由于班级涉及传染病隔离，每天入离园都有规定的路线，且活动区域也受到限定，幼儿难以和其他班级进行联动，因此，海岛变成了荒岛，随之有了"荒岛求生"任务；随着隔离期结束和幼儿对荒岛生活兴趣的减弱，我们也顺应幼儿设计了"离岛行动"这一任务。

二是协作性。在任务的不同阶段，我们通过多次"岛民会议"等方式共同讨论、协商解决问题，应对环境挑战。

（四）结合整个探究计划图谱，本单元与前后单元的勾连关系如何？

作为幼儿园大班的课程，本单元"环境与生存"的探究实现了在时空范围内对人与自我、人与自然和人与社会三大主题学习的统整。

海岛变荒岛，面对逆境考验的是个体的适应性，涉及的是人与自我关系的建构。幼儿认识到自己的能力和局限，面对问题调整自己的思维、情绪和行为，保持积极乐观的态度，相信自己，并制订适当的目标和计划，以适应具有挑战性的环境。

利用当地的自然条件，应用科学知识和方法制作救生筏解决问题，体现了人与自然之间的紧密关系。

为了共同的目的，制订公约，通过"岛民会议"等方式进行沟通与合作，链接了人与社会的关系。

二 大观念的生成

（一）用超学科主题确定学习的意义

在大观念课程框架中，超学科主题是组织课程内容的重要工具，其不仅用于制订整个幼儿园的探究计划，更指向了六大人类共性主题。本单元属于"人与社会"维度中的"我和时空"的子主题。这个案例聚焦的细则是：初步发展时间感和空间感；了解不同时间和空间下文化的多样性。"我和时空"这一主题在常见的幼儿园课程中虽也有涉及，但多是零散的探究，聚焦研究"我和时空"关系的课程还比较少。

表7-2　对标材料分析

学前儿童学习与发展核心经验		超学科主题	学习的意义
发展领域	关键经验		
语言	• 能有序、连贯、清楚、生动地讲述所见所闻 • 愿意用图画和符号表现事物或故事	我和时空	指向对时间和空间的探究。探索不同文化下人类文明中的共通性和独特性；了解我们在时空中的定位，回顾过去、预见未来

学前儿童学习与发展核心经验		超学科主题	学习的意义
发展领域	关键经验		
社会	• 活动时能与同伴分工合作，遇到困难能一起解决 • 主动承担任务，遇到困难能够坚持而不轻易求助 • 认识周围世界，对家乡、民族和国家的认知	我和时空	指向对时间和空间的探究。探索不同文化下人类文明中的共通性和独特性；了解我们在时空中的定位，回顾过去、预见未来
科学	• 在成人的帮助下能制订简单的调查计划并执行 • 能用数字、图画、图表或其他符号进行记录 • 能用一定的方法验证自己的猜测 • 理解事物与现象的一些表面的和简单的因果关系		
数学	**量的比较**：识别和描述物体量的差异 **测量**：使用任意单位进行测量		

（二）用概念视角统整知识与技能

学前儿童学习与发展核心经验和超学科主题只是锚定了单元探究的整体走向，我们还需要用概念进一步聚焦。在梳理学前儿童学习与发展核心经验的过程中，我们发现：无论是梳理旅行经验，还是探讨海岛生存，我们都是围绕在某个具体"环境"下，这里的地理环境决定了特有的物资条件，人们利用当地的资源形成了本地特有的"生活方式"。我们探索的地理环境越丰富，幼儿所见的地理"多样性"、文化"多样性"就越丰富。

这三个概念可以用来整合科学、数学、社会等多个领域的知识技能，因此我们选择了"形式、关系、因果"三个超学科概念作为透镜进行聚焦，生成了单元的三条探究线索。

线索1：不同地理环境的人们的生活方式。（形式）

线索2：地理环境和人们的生活方式的关系。（关系）

线索3：人们在环境中选择生活方式。（因果）

探究线索框定了本单元的探究范围，围绕这三条线索组织探究活动，幼儿将形成以下理解。（见表7-3）

表7-3　概念整合学科知识

幼儿将知道的知识（K）	幼儿将发生的概念性理解（U）
1.不同地理环境的着装习惯、饮食特点、建筑风格、自然景观（社会）	U1：不同地理环境的人们有不同的生活方式（形式）
2.有条理地组织观点的方法（语言）	U2：人们的生活方式受到地理环境的影响（关系）
3.适应不同地理环境的生活方式（科学）	U3：人们选择生活方式以适应环境（因果）
4."量"是相对的，比较的计量单位要均等（数学）	

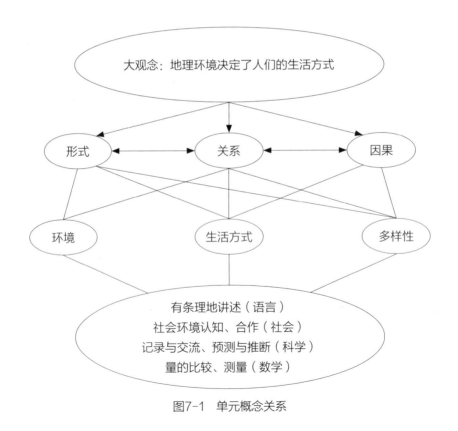

图7-1　单元概念关系

（三）明确要培养的探究能力

1．批判性和创造性思考能力

通过接触不同的经验和资料，产生新想法，开启新探究。

2．社交和情感能力

- 在探究的过程中，尝试使用录音、数字、图画、符号等各种表征方式记录自己的发现、感受和想法。

- 面对困难与挑战能积极应对，能展现出团队的协作能力。

3．交流、协作和资讯科技能力

- 清晰表达自己的想法，并能让人理解。

- 识别、创造并使用符号、标识等来表达想法。

（四）设计育人目标

品格培养通过"做事"来实现。任务的确定和对探究能力的定位，决定了本单元对幼儿品格、价值观的培养方向是：乐探究、会创造、会交往。

以"乐探究、会创造、会交往"为例，本单元要收集的证据如下。

乐探究：能结合生活经验，乐于通过多种方式收集关于海岛的信息和相关材料，对海岛的打造与体验充满好奇。在收集信息的基础上进行合理的预测与推断，尝试解决不同的问题，如制作指南针、救生筏等。

会创造：能独立思考，并能创造性地解决环境变化带来的一系列问题，如搭建和改造住所、使用不同方式取水等，乐观地应对生活中的各种变化。

会交往：能在一次次的"岛民会议"以及不同的小组合作中表达自己的立场，尊重他人观点，能和同伴协作达成共同的目标。

我们用图7-2来展示大观念生成的路径。

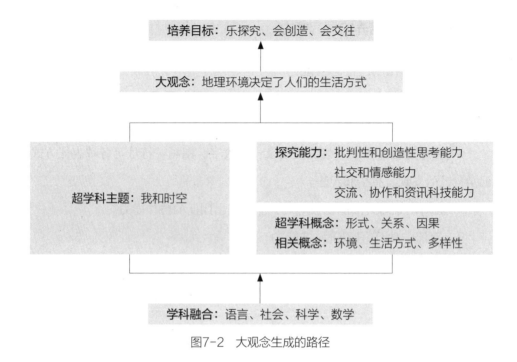

图7-2　大观念生成的路径

三　大任务的创设与评估

（一）大任务的设计

1. 大任务的设计依据

大任务的设计以展示幼儿对大观念的理解为依据。幼儿在分享自己旅行经验的过程中，能说出地理环境和当地人们生活方式的关系；在改造教室打造海岛的情境中，知道利用和海岛相关的物资来生活……。以上所述内容都在表现幼儿对大观念"地理环境决定了人们的生活方式"的理解。

2. 大任务的设计原则

"海岛生活大搜集"是一个虚拟情境的游戏，幼儿非常感兴趣。这个游戏与幼儿的日常生活、旅游经验息息相关，因此具备相关性与趣味性。然而要顺利完成这个游戏，幼儿必须了解与海岛相关的地理知识，练习生存的必备技能，这对数学、科学等领域知识提出了要求，因而具备一定的挑战性。海岛生存是一项集体活动，从"海岛的打造与体验"到"荒岛求生"再到"离岛行动"，幼儿必须处理来自不同渠道的信息，不得不通过集体协商、小组合作去解决一个又一个的问题，核心素养的培养自然体现在课程实施的过程中。

（二）大任务的评估

我们的评估分为三类：形成性评估、元认知（反思性）评估和总结性评估。

1. 形成性评估

本单元主要从以下几方面开展形式成性评估。

● 在单元探究开始前邀请家长和幼儿一起制作"旅行手册"，收集和分析幼儿关于"不同地理环境中人们的生活方式"的已有经验和兴趣点。

● 让幼儿参与制订单元计划及成功标准，并在学习过程中持续更新标准。标准更新的过程，就是幼儿理解发展的过程。

● 在教室开辟专属的"问题墙"，展示幼儿在探究过程中的问题和想法。随着探究活动的展开，幼儿不断产生新的问题。从探究初期的"为什么有些地方的人骑马，有些地方的人开车？""不同地方的人语言为什么不一样？""海岛上的天气总是炎热的吗？"，到探究中后期的"岛上的人平时怎么玩呢？""海岛上的房子和我们这里的房子有什么不同？为什么？"，这些问题推动着整个探究过程的深入，体现"困惑—探究—思考"的探究循环过程。

● 通过海岛拼贴画、立体海岛模型、海岛住所改造等，评估幼儿对"地理环境决定了人们的生活方式"的理解。

● 通过离岛行动，观察幼儿能否在特定环境中应用科学经验积极地寻求问题解决的办法。

2. 元认知（反思性）评估

元认知（反思性）评估贯穿单元学习的始末。在探究中期，幼儿每天用符号、图画、图片等方式记录他们在海岛上做了什么、遇到了什么问题等。教师鼓励幼儿使用颜色卡片记录自己在不同任务中的状态，如绿色表示顺利完成，黄色表示遇到困难。幼儿在成功离岛之后制作《荒岛求生指南》视频的过程，就是他们在教师的引导下对整个探究过程和成果进行的回顾与反思。

3. 总结性评估

以"离岛行动"作为总结性评估任务，在这个过程中需要幼儿在教师的指引下，反思海岛和荒岛在地理环境以及人们的生活方式方面的差异。幼儿根据所处的地理环境，通过计划与分工，解决离岛所面临的问题。

四 大观念的实施

我们以默多克的探究六循环作为大观念实施的依据，本单元的探究活动安排如下。

（一）进入探究

1. 前测与激发

在旅行中你体验到了什么？

2. 提出并定义问题

分享假期旅行手册，了解幼儿的前期经验。幼儿在爸爸妈妈的帮助下用贴照片、绘画等方式制作了旅行手册，记录了旅行目的地的风光、特色饮食、建筑等有趣的发现以及刺激与冒险的经历，呈现了幼儿体验到的不同地理环境中的美好与欢乐。

图7-3　幼儿进行分享、交流

通过小组分享、圈内圈外一对一交流以及我说你来猜等活动，引发幼儿对自己旅行经历的回忆和对他人旅行经历的兴趣，拓展幼儿对不同地理环境的自然风光、人文景观以及风俗习惯方面的认知，建构对"多样化"的理解。

3．制订计划

梳理和分析幼儿在前测话题展现出的经验、兴趣和困惑，制订单元探究计划。较多的幼儿有草原和海岛旅行的经验，关于不同地理环境中饮食、休闲方式和交通工具的经验较为丰富。

（二）探究发现

1．学习目标

（1）概念性理解

　　U1：不同地理环境的人们有不同的生活方式。

　　U2：人们的生活方式受到地理环境的影响。

（2）探究能力

　　批判性和创造性思考能力，交流、协作和资讯科技能力。

2．学习活动

（1）激发问题

　　不同环境的人是如何生活的？

（2）完成子任务1：海岛生活大搜集

　　线索1：不同地理环境的人们的生活方式。（形式）

　　线索2：地理环境和人们的生活方式的关系。（关系）

（3）活动安排

👥 **活动1："最感兴趣的地方"投票**

不同的幼儿喜欢的地方类型各异，通过对幼儿喜欢的地方进行归类，梳理出"湿地""海岛""草原""沙漠"四个主要地理环境类型，整合幼儿关于湿地、海岛、草原、沙漠地理环境中人们吃穿住行的经验，初步帮助幼儿建立对"多样化的生活方式和地理环境有密切关系"的理解。最后，通过投票的方式，选出海岛作为全班的探究环境。

活动2：收集海岛信息

每名幼儿自由画出关于海岛的元素，然后以小组为单位进行拼贴，形成一幅海岛生活拼贴画。拼贴画里出现较多的有椰子树、房子、海岛、船、游泳的人等一些非常显著的关于海岛生活的元素。

通过阅读关于海岛生活的故事书、采访有海岛生活经验的身边人、观看海岛生活的视频等收集整合信息，丰富幼儿对海岛环境下人们生活方式，如吃穿住行等方面的经验。

进一步探究：为什么海岛生活有这些元素？让幼儿在环境与生活方式之间进一步建立关联，强化对大观念的理解。

3. 教学策略

该环节使用的主要教学策略为讨论交流、投票决议、收集信息。

（三）梳理建模

1. 学习目标

（1）概念性理解

　　U2：人们的生活方式受到地理环境的影响。

（2）探究能力

　　批判性和创造性思考能力，社交和情感能力，交流、协作和资讯科技能力。

2. 学习活动

（1）激发问题

　　打造一座什么样的海岛？岛上的人怎么从一个地方到另一个地方？

（2）完成子任务2：海岛的打造与体验

　　线索2：地理环境和人们的生活方式的关系。（关系）

（3）活动安排

活动1：建一座海岛

请小朋友收集与海岛生活相关的材料带到幼儿园，他们有的带来的是适宜海岛生活的服饰，如花衬衫、太阳镜等；喜欢水上运动的小朋友还带来了皮划艇。教师根据幼儿的意愿进行分组，幼儿在建构区、美工区、户外沙水区等分别进行建岛行动。建构区的幼儿在持续的

图7-4　幼儿们制作的海岛观光车

探究过程中，从搭建一艘船扩展到搭建一个码头。美工区的幼儿搭建出了不同的立体的海岛，不仅有属于海岛的各种各样的动植物，还呈现出游泳、沙滩排球、捕鱼等一些属于海岛的活动方式。户外沙水区的幼儿合作给皮划艇充气并下水试着划起来。小朋友还用充分体现海岛生活元素的材料打造了海岛观光车。

活动2：岛民生活初体验

教室被打造成了海岛，小朋友仿佛置身于美丽的海岛之中。他们约定一起穿上色彩斑斓的衣服、头戴遮阳帽和太阳镜，感受海岛的氛围，并共同制订了岛民公约，增强了团队合作意识和归属感。此外，还通过角色扮演等方式开展了各种与海岛生活相关的活动。随着幼儿对海岛环境以及生活方式体验的深入，他们发现所打造的海岛空间不够。通过召开"岛民会议"，他们开始讨论如何拓展空间以及怎样丰富海岛生活并付诸行动。

3．教学策略

该环节使用的主要教学策略为讨论交流和小组合作。

（四）深入探究

1. 学习目标

（1）概念性理解

U2：人们的生活方式受到地理环境的影响。

U3：人们选择生活方式以适应环境。

（2）探究能力

批判性和创造性思考能力，社交和情感能力，交流、协作和资讯科技能力。

2. 学习活动

（1）激发问题

如何在荒岛上生活？

（2）完成子任务3：荒岛求生

线索2：地理环境和人们的生活方式的关系。（关系）

线索3：人们在环境中选择生活方式。（因果）

（3）活动安排

由于班级出现传染病病例，班级被隔离，海岛变荒岛。一开始孩子们都闷闷不乐，当教师引入鲁滨逊的故事，随即提出"当我们来到一片荒岛的时候，我们如何来求生呢？"，这个问题一下子激起了幼儿的探究兴趣。他们通过"岛民会议"选出海岛首领，并分为"搭建住所组""取水组""逃生交通工具建造组"等协作小组来解决荒岛生活中面临的问题。

搭建住所组：岛上环境潮湿，如果要搭建住所，需要将房子建离地面。根据孩子们的要求，我们找到了一个房屋的框架。孩子们根据教师提供的房屋框架的大小，使用直尺、笔、剪刀和刻刀等工具，自己动手裁剪出同等大小的板材。他们还学习了如何打结，以便将板材固定在框架上。为了确保结构的稳固，孩子们还请来了学校的师傅帮忙进行专业的固定和安装。这样，整个板材就成功地离开地面，形成了一个离地的居住空间。在制作房屋模型的过程中，孩子们遇到了一些问题，主要是板材和绳索的稳定性不足、承重力不够。为了解决这些问题，我们决定更换房屋的框架。于是，我们向家长求助，请求他们帮忙定制一个更大的住所模型，并选择了不锈钢材质，以确保结构更加牢固和稳定。这样的改进旨在提高模型的实用性和安全性。在此过程中，孩子们还遇到了如何更省力地抬高木板的问题。通过观察和借助生活经验，他们想到了升国旗时使用的滑轮系统以及滚轮，这些都是可以让人在用力时更加省力的装置。于是，大家共同决定选择并采购这些装置。为了使房子更加舒适，孩子们还巧妙地利用了教室里的皮划艇，将其作为岛民的床，直接放置在抬高的木板上。此外，孩子们还添加了很多的绿叶装饰，使得整个居住环境变得温馨舒适。

图7-5　搭建住所组搭建的房屋

　　取水组：在讨论荒岛上如何寻找水源的问题时，孩子们提出了一个想法：如果将选定的取水位置挖得深一些，可能会有淡水出现。那用什么样的方式取水呢？孩子们建议用绳子系住水桶，放入挖好的取水口中，拉绳子将水提上来。为了使生活更加便捷，孩子们想到了可以利用滑轮系统来省力。"如果是从低处向高处引水，我们该如何解决？"我们引入阿基米德螺旋泵的实验，小朋友转动转轴，产生的力量将水从低处引向高处。幼儿还尝试了用不同的材料来改造这个装置，让引水的效果更好。

图7-6　幼儿操作引水装置

图7-7　幼儿搭建的游轮模型

　　逃生交通工具建造组：搭建游轮和制作竹筏。在建构区，孩子们通过收集游轮信息，不断地更新和完善游轮的设计。他们不仅搭建出了游轮的主体结构，还添加了各种生活和娱乐设施，使得游轮模型结构更加完善、功能更加丰富。孩子们还利用木棍制作竹筏。在制作过程中，他们学习了不同的绳索打结方法，以确保竹筏的结构稳固。为了测试竹筏的承重能力，孩子们进行了实验，将积木块放置在竹筏上，观察其承重情况。

　　3. 教学策略

　　该环节使用的主要教学策略为讨论交流、小组合作等。

（五）建构理解、知行合一

　　1. 学习目标

　　（1）概念性理解

　　　　U2：人们的生活方式受到地理环境的影响。

　　　　U3：人们选择生活方式以适应环境。

　　（2）探究能力

　　　　批判性和创造性思考能力，社交和情感能力，交流、协作和资讯科技能力。

2．学习活动

（1）激发问题

如何离开荒岛呢？

（2）完成总结性评估任务：离岛行动

线索2：地理环境和人们的生活方式的关系。（关系）

线索3：人们在环境中选择生活方式。（因果）

（3）活动安排

● **总结整理经验**

幼儿在老师的支持下整理反思小组的探究足迹，总结适合荒岛的生活方式。他们通过制作小船、制作SOS求救信号等来逃离荒岛。在探索动力发电的方法时，有个小朋友带来了一辆自行车，并用它与小型马达进行组装，以启动一台发电机。通过自行车的动力发电，他们将电线连接到一个制

图7-8　幼儿制作的SOS求救信号装置

作成SOS字母形状的装置上，使得求救信号在夜间能够发光。

● **成果展示——《荒岛求生指南》**

对外开放我们打造的海岛，邀请同伴体验海岛生活，向同伴分享我们的探究故事。幼儿还根据前期探究的经验，制作了一个《荒岛求生指南》的视频。这个视频既展现了幼儿在荒岛求生探究过程中点点滴滴的收获，也展现了他们面对问题的智慧与勇气。

3．教学策略

该环节使用的主要教学策略为回顾反思、小组合作与展示交流。

五 教学反思

（一）教前反思

1. 基于单元目标的反思

"地理环境决定了人们的生活方式"是一个复杂的话题。幼儿结合自己的旅行经验，了解到不同地方有着不同的生活方式。教师需要紧扣探究单元侧重的领域核心经验，如语言、社会和科学等，帮助幼儿建构对地理环境与生活方式关系的理解。通过对这些领域的整合学习，幼儿才能够更全面地探索和认识他们所经历的不同地理环境及其对人们生活方式的影响。这样的超学科学习不仅能够促进幼儿的认知发展，还能增强他们对周围世界的理解和适应能力。在设计探究活动时，我们应鼓励幼儿发现和提出问题，这些问题将指导我们确定后续的探究方向。

2. 基于学情的反思

在"我和时空"主题下，尽管大班幼儿通过旅行或者多媒体等渠道对不同的地理环境及人们的生活方式有直接或间接的经验，但是存在着很大的个体差异。因此，教师在引导幼儿探索这一主题时，要兼顾每个幼儿的独特经验。如果以行政区域的角度切入，从具体的城市或国家入手，幼儿所具有的共同经验可能会更少。当从相对普遍的地理环境特征，如草原、森林、岛屿等角度出发时，几乎每个幼儿都能结合自己的生活经验分享一些自己的体验和见解。

（二）中期反思

针对幼儿的兴趣与疑问，我们如何回应以支持幼儿的自主探究（差异化教学）？

（1）多元表征的机会满足不同幼儿的需求

为了让幼儿建构对地理环境与人们生活方式之间的因果关系的理解，我们在探究的不同阶段充分创设便于幼儿进行语言表征、动作表征、图像表征以及符号表征的情境与机会，尊重幼儿的差异性。

同时，还要尊重幼儿在表达能力上的差异性。比如，在鼓励幼儿分享旅行经验时，表达能力弱的幼儿可以在小组内，甚至是两人之间分享，而表达能力强的幼儿可以在全班分享。不同范围的分享交流使具有不同语言表达能力的幼儿都有分享的机会。

我们还创造各种机会，鼓励幼儿动手实践。比如，在教室中模拟海岛环境，请幼儿将和海岛生活相关的材料带入教室，通过动手操作来打造海岛生活。幼儿穿花衬衫、玩沙滩排球，还有机会在建构区模拟捕鱼、用树枝编织竹筏、建造船只码头等，选择自己感兴趣的活动，自发组建小组，将头脑中的相关经验物化。

（2）反馈与评估促进幼儿深度学习

通过幼儿作品以及探究活动过程性的记录给予幼儿及时的反馈和评估，可以帮助他们回顾与反思自己的学习经验，调整行动，深化对知识的理解和应用。每当我们完成一部分探究活动后，我们会组织一次"岛民会议"来进行反思。在这些会议中老师会提出一些关键性的驱动问题，这些问题对于激发幼儿的兴趣和确定后续探究方向至关重要。例如，在探究过程中，我们可能会提出这样的问题来引导幼儿思考：如果在岛上迷路了应该怎么办？荒岛上的人们是如何利用有限的资源来娱乐休闲的？通过这样的"岛民会议"，我们鼓励幼儿分享他们的想法和发现，同时也帮助他们理解如何将所学知识应用到实际情境中。

（三）教后反思

1. 我们的教学策略在多大程度上帮助了幼儿的理解？

（1）通过学习空间的打造帮助幼儿建构个人理解

为了支持幼儿的自主探究，学习空间从教室内一个区域逐渐扩大到整个教室、走廊甚至沙水池等公共空间，以支持每一个幼儿在个人感兴趣的空间体验岛民生活，由此催生制订公约的愿望。

（2）聚焦超学科的探究能力，解决不同情境的复杂问题

建岛—荒岛—离岛，围绕海岛这一地理环境下的不同情境，幼儿所遇到的问题虽有很大差异，但也存在共性。我们鼓励幼儿运用批判性和创造性思维进行问题分析，同伴交流，组内、组间协作，以提升他们的综合素养。此外，通过本质问题激发幼儿的探究兴趣，支持幼儿主动探索如何利用当地条件，将荒岛转变为适宜居住的地方。

2．哪些主要证据证明了幼儿发展了对KUD的理解？

幼儿利用他们已知的海岛元素，如椰子树、船、贝壳等共同创作了一幅大型作品。这样的活动能帮助教师看到每个幼儿对大观念的理解。

幼儿运用各种材料来表达自己的理解，如实物拼贴画、橡皮泥雕塑等；在《荒岛生存指南》视频拍摄活动中，幼儿能够基于前期探究过程中的照片和成果，回顾与反思探究前中期的学习经验，进行故事化的演绎。通过这种方式，我们看到幼儿将理解转化为充满想象的视觉艺术作品。

人与自然

第八章　自然现象与生活：今天是什么天气？

第九章　植物与责任：我的植物朋友

自然现象与生活：今天是什么天气？

单元主题 自然现象与生活：今天是什么天气？

超学科主题 世界运作

单元大观念 人们通过了解自然现象的特点及规律可以更好地适应自然环境

单元大任务 创建"互动式迷你气象体验馆"

设 计 者 周 印 宋晓燕 安 茜 诸小敏 黄 伟

表8-1 单元概览——目标与评估

单元主题：自然现象与生活：今天是什么天气？

探究内容：自然现象	适宜年龄：中班	核心素养：乐探究、乐表达、会反思	探究时长：8周
创作团队：周印、宋晓燕、安茜、诸小敏、黄伟		本质问题：自然现象的特点及规律如何影响人们的生活？	
超学科主题：世界运作	超学科概念：形式、变化、关系 相关概念：自然现象、规律、适应	领域概念： 科学——记录与交流、事物与现象、预测与推断 数学——量的比较、测量 语言——讲述 社会——合作 健康——生活自理	

大观念：人们通过了解自然现象的特点及规律可以更好地适应自然环境

幼儿将知道的知识（K）	幼儿将发生的概念性理解（U）
1. 四季及其特点（科学） 2. 天气的变化及其特点（科学） 3. 探究自然现象的方法（科学） 4. 自然现象对人们生活产生的影响（科学）	U1：自然现象有不同的特点并对人们的生活产生影响 U2：自然现象有周期性的变化并对人们的生活产生影响

5. 非标准性测量气温的方法（数学） 6. 自然现象变化的模式（数学） 7. 季节变化的顺序（数学） 8. 相关词汇与句型（语言） 9. 讲述顺序（语言） 10. 接受同伴的意见和建议（社会） 11. 不同天气中的穿衣和活动（健康）	U3：人们根据自然现象的变化调整生活安排 **幼儿将具备的能力（D）** **批判性和创造性思考能力** • 能找寻不同自然现象的特点，发现其变化的周期性 • 通过接触不同的自然现象，产生新想法，开启新探究 **社交和情感能力** • 根据季节和天气情况照料自己的衣食住行，运用简单的常识应对自然灾害 • 认真听取他人的建议，在小组中能主动与他人合作 **交流、协作和资讯科技能力** • 通过不同方式收集信息 • 选择恰当的工具或资源进行探究 • 用画图、数字、符号、声音等表征方式对探究过程和结果进行记录

探究线索：
线索1：不同自然现象的特点（形式）
线索2：自然现象的运作规律（变化）
线索3：人们对自然环境的适应（关系）

单元大任务： 创建"互动式迷你气象体验馆"
子任务1：成为小小气象员
子任务2：建立气象实验站
子任务3：搭建四季小屋
总结性评估任务：迷你气象体验馆体验互动

一　单元概览

（一）为什么学习这个单元？它对幼儿有怎样的重要意义？

《3—6岁儿童学习与发展指南》中指出："幼儿的科学学习是在探究具体事物和解决实际问题中，尝试发现事物间的异同和联系的过程。"中班幼儿应该达到："能感知和发现不同季节的特点，体验季节对动植物和人的影响"，"能感知和发现简单物理现象"。对于这个年龄段的幼儿，如果他们能够从身边的自然现象的特点出发，感知变化的规律，并与自身生活联系，将有助于他们运用科学思维解决日常生活中的问题。

变幻莫测的天气、周而复始的四季是与幼儿日常生活息息相关的自然现象。在本探究单元中，幼儿初步观察并表征这些自然现象，尝试发现其变化的规律，从而形成对大自然的初步认知，并建立其与自身生活的联系。幼儿可以应对不同的自然现象，如在不同的季节和天气合理穿衣、选择适宜的活动等，从而更好地适应自然环境，与世界建立更积极的联系。

（二）本单元探究内容所属领域的核心素养是什么？所属领域的大观念是什么？

本单元指向的核心素养是"乐探究、乐表达、会反思"，体现的科学领域的大观念是"相互作用"。幼儿通过聚焦"自然现象、规律、适应"这三个概念，建立对自然现象及其变化规律对人们生活影响的整体性理解，反思与调整不同自然现象下的自我行动，更从容地适应自然环境。为此，我们提炼的单元大观念为：人们通过了解自然现象的特点及规律可以更好地适应自然环境。

（三）延伸出的核心任务和核心教学策略是什么？

大观念决定大任务，依据幼儿已有经验和兴趣设计了"创建'互动式迷你气象体验馆'"的大任务。此大任务分解为四个子任务：子任务1——成为小小气象员；子任务2——建立气象实验站；子任务3——搭建四季小屋；总结性评估任务——迷你气象体验馆体验互动。

本单元的核心教学策略如下。

一是亲历性。从观察记录每天的天气现象开始，到用自己的记录表做一次天气预报，再到深入探究风等天气现象，都是基于幼儿自己收集的一手资料，让幼儿在真实环境中去"亲历"不同的天气现象及其变化。

二是互动性。自然现象的特征与变化往往需要通过一些媒介得以更清晰地体现，如风的方向和大小可以通过风向仪得知，还可以通过观察树枝、旗帜等的摆动方向和幅度进行估算。幼儿在关于天气等自然现象的互动体验中产生理解，如参观气象馆观察雪、雾霾、雷电等不同天气现象，收集和不同季节相关的材料搭建四季小屋，与参观迷你气象体验馆的观众互动等。

（四）结合整个探究计划图谱，本单元与前后单元的勾连关系如何？

在小班，幼儿已经在"共享地球"主题探究过水资源，已经掌握了观察记录等学习方法。本单元学习的科学观察法与比较分析法将会对后续中班植物探究提供经验。

二　大观念的生成

（一）用超学科主题确定学习的意义

超学科主题是组织大观念课程内容的关键支架，指向的是具有人类共性的六大主题，为对真实世界进行有意义的探索提供了着力点。本单元属于"人与自然"维度中的"共享地球"主题。这个案例聚焦的细则是：探索自然，初步发现其变化与规律以及与人们生活的关系。对春夏秋冬四季的探究是幼儿园课程内容中不可缺少的一部分，大观念课程通过超学科主题的聚焦将探究中所有活动指向了自然现象及其规律，以及人对环境的适应性。

表8-2　对标材料分析

学前儿童学习与发展核心经验		超学科主题	学习的意义
发展领域	关键经验		
科学	**记录与交流**：运用语言的或非语言的方式记录与交流 **事物与现象** ● 对事物及现象的特性和变化进行描述 ● 理解事物与现象的一些表面的和简单的因果关系 **预测与推断**：根据线索将相关事物联系起来	世界运作	指向对自然规律和科学原理的探究。对自然现象的观察和自然规律的初步了解；探究科学原理与认识自然、科技进步的关系

学前儿童学习与发展核心经验		超学科主题	学习的意义
发展领域	关键经验		
数学	**量的比较**：识别和描述物体量的差异 **测量**：使用任意单位进行测量	世界运作	指向对自然规律和科学原理的探究。对自然现象的观察和自然规律的初步了解；探究科学原理与认识自然、科技进步的关系
语言	用恰当的词语、简单的句子讲述事物的特征或现象，根据不同对象分主次进行讲述		
社会	**合作**：活动时愿意接受同伴的意见和建议，在教师的引导下能为了共同目标合作完成任务		
健康	**生活自理**：不同天气下的自我照顾以及灾害天气的自我保护		

（二）用概念视角统整知识与技能

学前儿童学习与发展核心经验和超学科主题只是确定了探究的大方向，我们还需要用概念进一步聚焦。概念的形成一般是从具象到抽象逐渐层层建构的，在梳理学前儿童学习与发展核心经验的过程中，我们发现："自然现象"是观察的重点，发现科学"规律"是观察的目的，"适应"指向了幼儿从科学观察中获取生活意义。

确定了这三个相关概念后，我们分别以"形式、变化、关系"三大概念作为透镜聚焦，生成了单元的三条探究线索。

线索1：不同自然现象的特点。（形式）

线索2：自然现象的运作规律。（变化）

线索3：人们对自然环境的适应。（关系）

探究线索框定了本单元的探究范围，围绕这三条线索组织探究活动，幼儿将形成以下理解。（见表8-3）

表8-3　概念整合学科知识

幼儿将知道的知识（K）	幼儿将发生的概念性理解（U）
1. 四季及其特点（科学） 2. 天气的变化及其特点（科学） 3. 探究自然现象的方法（科学） 4. 自然现象对人们生活产生的影响（科学）	U1: 自然现象有不同的特点并对人们的生活产生影响（形式）
5. 非标准性测量气温的方法（数学） 6. 自然现象变化的模式（数学） 7. 季节变化的顺序（数学） 8. 相关词汇与句型（语言） 9. 讲述顺序（语言） 10. 接受同伴的意见和建议（社会）	U2: 自然现象有周期性的变化并对人们的生活产生影响（变化）
11. 不同天气中的穿衣和活动（健康）	U3: 人们根据自然现象的变化调整生活安排（关系）

综上所述，我们用图8-1来表示概念之间的层级关系。

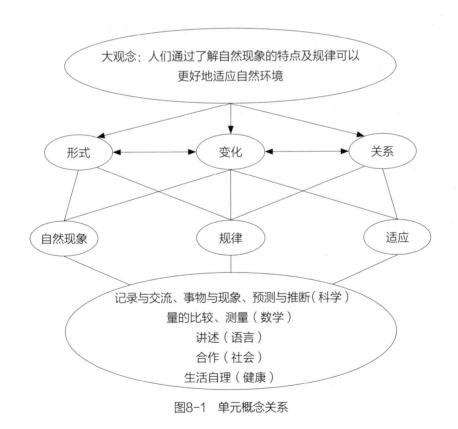

图8-1　单元概念关系

（三）明确要培养的探究能力

1．批判性和创造性思考能力

- 能找寻不同自然现象的特点，发现其变化的周期性。

- 通过接触不同的自然现象，产生新想法，开启新探究。

2．社交和情感能力

- 根据季节和天气情况照料自己的衣食住行，运用简单的常识应对自然灾害。

- 认真听取他人的建议，在小组中能主动与他人合作。

3．交流、协作和资讯科技能力

- 通过不同方式收集信息。

- 选择恰当的工具或资源进行探究。

- 用画图、数字、符号、声音等表征方式对探究过程和结果进行记录。

（四）设计育人目标

品格培养通过"做事"来实现。任务的确定和对探究能力的定位，锁定了本单元对幼儿品格、价值观的培养方向是幼儿园的育人目标之"乐探究、乐表达、会反思"。

以"乐探究、乐表达、会反思"为例，本单元要收集的证据如下。

乐探究：幼儿通过观察、记录、测量、解读、实验、播报、儿童诗创编等多种方式对自然现象及其变化进行了持续性的探究。

乐表达、会反思：建立起我与天气、季节之间的关联；通过搭建四季小屋的活动展现对不同季节中植物的变化及其对动物和人们生活方式影响的理解；能适应日常的季节变化，根据季节和天气情况照料自己的衣食住行，如雨天会提醒同伴路滑容易摔倒，要注意安全。

大观念生成的路径如图8-2所示。

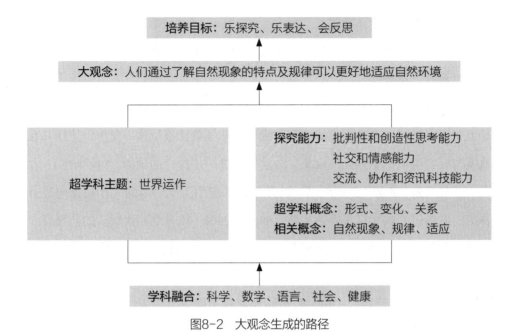

图8-2　大观念生成的路径

三　大任务的创设与评估

（一）大任务的设计

1. 大任务的设计依据

大任务是理解的表征，我们需要从分解的子任务的完成过程中逐渐"看到"幼儿理解的生成。幼儿能将收集到的天气预报信息梳理转化为自己播报的内容；根据观察对天气现象和变化做出预测和推断，并能将自己的预测、推断与事实进行对照；能收集符合不同季节天气特点、动植物变化等的材料；合作搭建四季小屋，明白四季的周期性变化；能在不同的天气和季节做好自我照护，开展适宜的活动。从幼儿完成不同子任务的表现中我们看到了大观念被逐步建构了起来。

2．大任务的设计原则

大任务的设计遵循了三原则，重点与幼儿的生活经验相连接，体现了趣味性、学科性、挑战性。

子任务1：成为小小气象员。从绘本资源的引入到气象馆的参观，再到让幼儿每天在不同地点观察感知天气，赋予幼儿气象播报员这一角色，让幼儿在真实与模拟情境中感知天气现象，激发幼儿进一步探究的欲望。（趣味性）

子任务2：建立气象实验站。幼儿根据兴趣用工具对风的大小与方向进行探究，并通过绘画和口头表达相结合的方式创编《风喜欢和我玩》的儿童诗。教师提供简单的观察工具"云观察器"，请幼儿在上面画上常见类型的云，在日常观察中识别云的类型。（趣味性）

子任务3：搭建四季小屋。需要幼儿能将不同季节中天气、动物、植物和人们的生活建立联系。在总结性评估任务——"迷你气象体验馆体验互动"中向其他班级的同伴分享对天气与季节的有趣发现，这是对整个探究过程的反思与梳理。（学科性和挑战性）

（二）大任务的评估

大任务的评估分为三类：形成性评估、元认知（反思性）评估和总结性评估。

1．形成性评估

在幼儿园阶段，形成性评估贯穿探究的整个阶段，单元开展的过程就是教师收集幼儿学习证据的过程，通过对幼儿理解程度的了解来调整探究进程。

本单元主要从以下几方面开展形成性评估。

- 在单元开始前通过幼儿《我最喜欢/不喜欢的天气》作品和"天气预报我知道"任务单，收集和分析幼儿关于自然现象的已有经验和兴趣点。

- 让幼儿参与制订成功标准，并在学习过程中持续更新标准。标准更新的过程，就是幼儿理解发展的过程。

- 在教室开辟专属的问题墙，展示幼儿在探究过程中的问题和想法。随着探究活动的展开，幼儿不断回应问题并提出新的问题，如"为什么有时候很热，有时候却会很冷？""为什么会下雪？"等。随着探究活动的深入，幼儿提出的问题也在持续更新，如"季节是天气吗？""为什么会有春夏秋冬？"等，这些问题推动着整个探究进程，体现"困惑—探究—思考"的探究循环过程。

● 透过"天气记录本"的制作与分享，评估幼儿对不同天气特点与变化的观察与感知，以及对天气符号的认知与使用。

● 《谁也没有看见过风》儿童诗创编中幼儿展现出对风的大小、方向及其与周围环境和人们生活关系的理解，如"谁也没有看见过风，不用说我和你了。但是看见气球飞的时候/塑料袋飞起来的时候/听到风铃叮当响的时候/小草在跳舞的时候/树叶在转圈圈的时候/树叶沙沙响的时候/风车转的时候/雨弯过来的时候/泡泡飘起来的时候/海浪飘起来的时候/当雪花飞舞的时候/纸飞机飞得很远的时候……，我们就知道风来了"。

● 用简单的词语介绍一些常见的云的类型，如积云（白白胖胖的云）、层云（像毯子一样的云）和卷云（薄薄的、像羽毛的云）。

● 评估幼儿在搭建四季小屋等过程中能否和同伴协商一致，是否善于提问。在四季小屋材料的收集与搭建过程中展现对季节特征及其对人们生活影响的理解，能表述自己选择材料和建构行为背后的原因。

2．元认知（反思性）评估

元认知（反思性）评估贯穿单元学习的始末。观察幼儿在做天气记录表和小小天气播报员过程中的思考，记录幼儿对天气变化的观察和反思。鼓励家长记录幼儿在家庭中关于天气的讨论和对穿衣行为的反思等，了解他们在不同环境中的元认知表现。

3．总结性评估

在迷你气象体验馆的体验互动中，评估幼儿能否将自己观察记录的不同天气的特点分享给同伴，以及能否有序连贯地展示四季小屋中的不同天气特点与规律及其和人们生活的关系。

四 大观念的实施

我们以默多克的探究六循环作为大观念实施的依据，本单元的探究活动共分为五个部分。

（一）进入探究

1. 前测与激发

请幼儿说一说最喜欢的天气是什么，并谈一谈什么是天气。

教师请幼儿画一下最喜欢或最不喜欢的天气并进行交流分享，以及查阅幼儿记录的"天气预报里有什么"任务单，了解班级幼儿对天气的特征与变化的前期经验。

请幼儿观看一次天气预报节目，然后在思维导图里使用图片、图画或符号记录自己看到和听到的天气预报内容（如时间、天气现象、温度与湿度、风向与风力等）。

2. 提出并定义问题

借助问题墙，收集幼儿在"自然现象与生活"单元想要知道的知识。

图8-3　问题墙

3．制订计划

梳理幼儿前期经验，分析幼儿在前测话题展现出的经验、兴趣和困惑，制订单元探究计划。

（二）探究发现

1．学习目标

（1）概念性理解

U1：自然现象有不同的特点并对人们的生活产生影响。

U2：自然现象有周期性的变化并对人们的生活产生影响。

（2）探究能力

批判性和创造性思考能力，社交和情感能力，交流、协作和资讯科技能力。

2．学习活动一

（1）激发问题

为什么会打雷和闪电？为什么秋天和夏天温度不一样？

（2）完成子任务1：成为小小气象员

线索1：不同自然现象的特点。（形式）

线索2：自然现象的运作规律。（变化）

（3）活动安排

活动1：气象博物馆之行

在阅读了一些关于天气的绘本之后，为了进一步激发幼儿的探究欲望，教师给幼儿提供了更多的信息资源，并带领幼儿参观了气象博物馆。在气象博物馆讲解老师的介绍和指引下，幼儿见到了常见的天气观测工具，并借助虚拟现实技术，真切感受到不同天气现象以及不同灾害天气。

活动2：制作天气记录本

每天在固定时间和幼儿一起观察天气，鼓励幼儿使用符号、绘画或者照片等形式记录当天的天气情况（如晴天、多云、雨天、雪天等）以及自己对天气的体验与感知，并请幼儿在小组分享环节讨论观察结果。

👥 **活动3：小小气象播报员**

通过聆听智能语音天气预报和观看天气预报的视频收集信息，做好记录。每名幼儿都有机会根据自己的记录单在集体面前进行天气播报，除了温度、风力等，还包括穿衣提醒、污染情况等内容。

（4）教学策略

该环节使用的主要教学策略为实地参观、观察记录和交流讨论。

3. 学习活动二

（1）激发问题

风是从哪里来的？风为什么会有呼呼的声音？为什么有时候天上有很多云，有时候没有？

（2）完成子任务2：建立气象实验站

线索1：不同自然现象的特点。（形式）

线索2：自然现象的运作规律。（变化）

（3）活动安排

👥 **活动1：多变的云**

用实验材料演示云的形成：用玻璃瓶、热水、冰块和气球等材料，将热水倒入玻璃瓶，让幼儿观察水蒸气上升。在瓶口覆盖一个装满冰块的气球，让幼儿观察瓶内的变化，解释热水产生的水蒸气遇到冷气球冷凝形成云的过程。此外，请小朋友在幼儿园的走廊使用"云朵观察器"观察记录自己看到的云的特

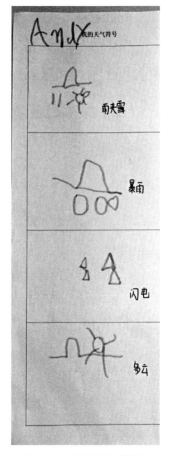

图8-4　幼儿的记录单

征。为幼儿提供棉花、蓝色卡纸、胶水和彩笔让他们用棉花在蓝色卡纸上制作他们眼中的云朵，可以引导他们用彩笔画出云的背景，如太阳、雨滴或其他天气现象。

活动2：风喜欢和我玩

在探究"风"这个看不见摸不着的天气元素时，我们首先带着小朋友前往幼儿园的不同地点感受风，通过看、听、感受来体会风到底是什么。有的小朋友说，风是看不到、抓不住的；有的小朋友说，风是空气流动变出来的；有的小朋友说，树叶动的时候就说明风来了……。之后几位老师分头行动，有的老师在班级中和小朋友一起制作了小风车，有的老师带小朋友认识了测风仪。我们还动员家长一起行动，和小朋友一起在家中寻找能够变出风的物品。小朋友自由选择自己能够发现或抓住风的物品，如泡泡枪、塑料袋、风车、羽毛等。我们再一次在校园中通过不同的材料寻找风，这一次的感受和寻找让小朋友通过不同的材料和工具进一步体会和认识了风，知道风有大有小，风是有方向的，不同地方的风也是不相同的。积累了关于风的直接经验之后，我们一起回顾对风的感受，以绘本《风喜欢和我玩》作为导入，开展了绘画表征和儿童诗创编。

（4）教学策略

该环节使用的主要教学策略为直接感知、分组探究、家园共育和创作表征。

（三）梳理建模

1. 学习目标

（1）概念性理解

U2：自然现象有周期性的变化并对人们的生活产生影响。

U3：人们根据自然现象的变化调整生活安排。

（2）探究能力

批判性和创造性思考能力，社交和情感能力，交流、协作和资讯科技能力。

2．学习活动

（1）激发问题

天气和季节有什么不一样呢？

（2）完成子任务3：搭建四季小屋

线索2：自然现象的运作规律。（变化）

线索3：人们对自然环境的适应。（关系）

（3）活动安排

活动1：制作天气漂流瓶

为幼儿提供空水瓶、颜料、水、盐、压花器、彩纸等低结构材料以及不同天气的参考示范图，幼儿可以选择某一种天气现象，参考相应的操作建议，制作不同的天气瓶，如下雪瓶、晴天瓶等，还可以自主寻找材料，表现自己观察到的天气特点与变化。

活动2：搭建四季小屋

在本探究单元初期，幼儿对"天气"和"季节"的认识比较模糊。教师通过天气与四季的集体活动来帮助幼儿建立对"天气"和"季节"不同与联系的理解。通过分组搭建四季小屋这一方式让幼儿在行动中建构对天气和季节的理解。首先，请幼儿自己选择想要搭建的季节小屋，分组合作。其次，根据所选季节小组讨论，初步设计四季小屋。收集材料，建构出特征分明的四季小屋，如每个季节典型的天气现象、人们的穿衣与活动、动植物的变化等。在春季组重点引导幼儿关注春季的特点，如万物复苏、植物生长等，并提供与春季相关的材料和装饰物，如彩色纸花、绿色树叶等。夏季组教师鼓励这部分幼儿探索夏季的炎热和阳光，提供沙滩玩具、遮阳伞等道具，让他们在搭建中体现夏季的元素。秋季组则引导他们关注秋季的丰收和凉爽，提供落叶、果实等模型，让他们创建出一个充满秋意的小屋。冬季组则帮助幼儿模拟冬季的寒冷和雪景，提供白色泡沫球作为雪花、小冰块模具制作冰晶等，让他们在搭建中体验冬天的乐趣。

图8-5　幼儿搭建的四季小屋

3．教学策略

该环节使用的主要教学策略为集体探究与动手操作。

（四）建构理解、知行合一

1．学习目标

（1）概念性理解

　　U1：自然现象有不同的特点并对人们的生活产生影响。

　　U2：自然现象有周期性的变化并对人们的生活产生影响。

　　U3：人们根据自然现象的变化调整生活安排。

（2）探究能力

批判性和创造性思考能力，社交和情感能力，交流、协作和资讯科技能力。

2．学习活动

（1）激发问题

不同的天气，我们可以玩些什么？

（2）完成总结性评估任务：迷你气象体验馆体验互动

线索1：不同自然现象的特点。（形式）

线索2：自然现象的运作规律。（变化）

线索3：人们对自然环境的适应。（关系）

（3）活动安排

● 总结整理

在老师的支持下整理反思小组探究足迹，对前期探究成果进行分类梳理。

● 成果展示

以小组为单位同迷你气象体验馆的不同观众进行分享交流。

3．教学策略

该环节使用的主要教学策略为真实情境表现和交流分享。

五　教学反思

（一）教前反思

1．基于单元目标的反思

哪些现象属于"自然现象"探讨的范畴？哪些不是？这些概念之间有怎样的属类关系？其中有哪些是适合上中班的小朋友进行探究和理解的？这些问题需要年级组教师在主题整体设计前讨论并达成共识，在清晰的框架下，设计具体的、具有更多操作性和可视化的活动，能够帮助幼儿更好地理解自然现象。教师要思考对于不同的自然现象，幼儿需要理解到怎样的程度，可以通过哪些学习方法和策略帮助幼儿实现理解。应注重从身边的自然现象出发来激发幼儿的体验感受，引导幼儿理解自然与人的关系。借助气象馆资源在虚拟现实中帮助幼儿去感知和体验生活中不常见的自然现象或者是天气灾害对生活产生的影响。

2．基于学情的反思

中班幼儿对于天气的认识大多是晴天、多云、下雨、下雪等比较直观且亲身经历过的现象。上海的小朋友如果经历过北方的冬天或者下过雪的冬天，那他们也会把下雪这一现象和自己的经验建立连接。

尽管自然现象就在我们身边，但是幼儿之前没有机会持续探究不同的自然现象，所以在主题探究的初期我们认为幼儿首先需要累积大量有关自然现象的直接经验。学期之初教师在班内开设"天气预报站"，作为每天自由活动时的班级常规活动，幼儿可以借助智能音箱，了解每天的天气情况，结合自身体感，记录天气变化。教师倾听并收集幼儿关于自然现象的想法和问题，根据幼儿的兴趣来设计或调整班级探究重点，创设符合幼儿学习特点、注重真实体验的学习空间。

（二）中期反思

针对幼儿的兴趣与疑问，我们如何回应以支持幼儿的自主探究（差异化教学）？

让幼儿在生活经验与天气之间建立连接。首先，观察（眼睛看、耳朵听、鼻子闻、手触）天气的不同，如阳光的温暖、雨水的滴滴答答、风的吹拂、雷声、风声等。其次就是发现不同天气和我们生活之间的关系，比如雨天的穿着、晴天的打扮、冬天的服饰等，讨论雨天给我们生活带来的影响。还可以了解一些日常天气预报的符号。

让幼儿把自己对于季节及其和人们生活关系的理解完全呈现在开放的空间

里。对于不同能力的幼儿实施分层指导。如在搭建四季小屋的活动中进行分层指导：对于动手能力较弱的幼儿，提供详细的搭建步骤图和示范模型，逐步引导他们完成小屋的基本框架。对于动手能力较强的幼儿，则给予更多的自由发挥空间，让他们根据自己的想象和创意进行搭建。同时，鼓励他们尝试使用不同的材料和结构，以挑战更高的搭建难度。对于表现出色的幼儿，引导他们成为小组领袖，带领其他同伴一起合作搭建，并分享自己的搭建经验和创意。

在活动过程中，我们鼓励不同兴趣和能力的幼儿之间开展交流与合作。比如，春季组的可以向冬季组的介绍自己如何模拟春天的生机与活力，而冬季组的则可以分享如何创造出一个逼真的雪景。通过这种互动与分享，幼儿不仅能够完整地了解四季，还能在互相分享中意识到合作的重要性。

（三）教后反思

1. 我们的教学策略在多大程度上帮助了幼儿的理解？

让幼儿动手操作是助其理解四季变化及其对人类生活影响的重要活动。但在实际操作过程中，我们发现原设计对于中班幼儿来说可能存在一定难度，未能充分考虑他们的年龄特点和认知发展水平。如我们原本计划让幼儿自主收集不同季节的代表性材料，如春天的花朵、夏天的扇子、秋天的落叶、冬天的雪花（用棉花或纸屑代替）等，来装饰他们的小屋，以此展现四季的变化。然而，在实施过程中，我们发现中班幼儿在材料的选择、搭配以及小屋的整体布局上遇到了不少困难。部分幼儿对四季的特征理解不够深入，难以准确选取代表性材料；另一些幼儿则在动手搭建时显得力不从心，无法将想法转化为具体的作品。所以我们进行了调整，降低材料选择难度，增加引导性。我们提前准备好一系列经过筛选和分类的四季材料，如四季图片、模型等，供幼儿选择和搭配。这样也便于提供详细的搭建指南或示范图，帮助幼儿明确每个季节应该搭配哪些材料，以及如何进行布局。

我们还引入游戏情景，将"搭建四季小屋"活动设计成一个角色扮演游戏，让幼儿扮演小建筑师或季节小精灵，通过完成任务卡来获取搭建材料，并按照任务要求完成小屋的搭建。

2. 哪些主要证据证明了幼儿发展了对KUD的理解？

在"成为小小气象员"子任务中，幼儿通过观察当天的天气情况，使用简单的气象符号（如晴天、雨天、多云等）记录"天气日记"，并能在班级分享时描述当天的天气特点，以此加深他们对天气变化及特点的认知。幼儿能根据天气预报提出合理的穿衣建议，如"如果明天下雨，我们要穿雨靴和雨衣去上学"，这表明他们理解了天气变化对日常生活的影响。

在"建立气象实验站"中，幼儿使用手持温度计或通过触摸地面、墙面等物体来感受温度，并尝试用"很热""有点凉"等非标准词汇来描述温度，这种实践加深了他们对气温变化的认识。

在"搭建四季小屋"子任务中，幼儿使用教师投放的一些与四季有关的材料以及自己收集的季节性物品来装饰小屋，通过这一过程加深对四季特点的理解。幼儿通过对比不同季节的物品，认识到季节的周期性变化，如"冬天过去后就是春天，然后又是夏天和秋天"。

第九章

植物与责任：我的植物朋友

单元主题	植物与责任：我的植物朋友
超学科主题	共享地球
单元大观念	植物为人类和其他生命体提供了丰富的资源，并彼此影响
单元大任务	举办一次植物博览会
设 计 者	宋晓燕　安　茜　陈宁薇

表9-1　单元概览——目标与评估

单元主题：植物与责任：我的植物朋友			
探究内容：植物	**适宜年龄**：中班	**核心素养**：乐探究、乐表达、有责任	**探究时长**：8周
创作团队：宋晓燕、安茜、陈宁薇		**本质问题**：植物和人类及其他生命体是如何相互影响的？	
超学科主题： 共享地球	**超学科概念**： 形式、关系、道德 **相关概念**： 结构、需求、影响、赖以生存		**领域概念**： 科学——观察、记录与交流 语言——说明 数学——量的比较、测量 社会——社会公德、合作
大观念：植物为人类和其他生命体提供了丰富的资源，并彼此影响			
幼儿将知道的知识（K） 1. 植物的基本结构和生长条件（科学） 2. 观察记录植物特征与生长过程的不同方法（科学）		**幼儿将发生的概念性理解（U）** U1：不同植物有不同形态的结构 U2：植物和人类及其他生命体相互影响 U3：人们有爱护植物的责任	

3. 识别和描述植物结构等量的差异（数学） 4. 描绘植物特征的词汇和简单句（语言） 5. 植物的价值（科学） 6. 照料植物的责任（社会）	幼儿将具备的能力（D） **批判性和创造性思考能力** • 能识别特征，能对事物或现象进行观察比较，发现相似与不同 • 通过接触不同的经验和资源，产生新想法，开启新探究 **社交和情感能力** 认真听取他人的建议，尽力帮助他人，在小组中积极合作 **交流、协作和资讯科技能力** • 用录音、数字、图画、符号等各种表征方式对探究过程和结果进行记录 • 选择适当的工具/资源帮助我们进行探究
探究线索： 线索1：植物的结构（形式） 线索2：植物与人类及其他生命体的关系（关系） 线索3：人类对植物的责任（道德）	
单元大任务： 举办一次植物博览会 子任务1：植物大发现 子任务2：种植小小花园 子任务3：筹备植物博览会 总结性评估任务：举办植物博览会	

一 单元概览

（一）为什么学习这个单元？它对幼儿有怎样的重要意义？

亲近自然、喜欢探究是幼儿的天性使然，幼儿对自然神奇之处的好奇、对未知自然奥秘探究的兴奋远远胜于对事实的知晓。而植物是自然环境中幼儿最容易观察和直接接触的对象。植物探究也是科学教育最主要的组成部分，植物的照料与保护属于中班幼儿环境保护的关键经验。《幼儿园教育指导纲要（试行）》明确提出学前教育阶段开展的是启蒙性质的科学教育；而《3—6岁儿童学习与发展指南》则指出幼儿的科学学习是在探究具体事物和解决实际问题中，尝试发现事物间的异同和联系的过程。

本探究单元中幼儿通过对住家、园所、社区、植物园里植物的大发现，了解植物的基本结构及其和日常生活的联系；以种植小小花园来了解植物生长变化的过程及其生长的条件，并承担照料植物的责任。这些为举办植物博览会做好了经验和认知的准备。在整个探究过程中，幼儿学会认识自然的科学方法，并在这一过程中加深了对自然事物和现象的理解，体会到每个人都与大自然密不可分，从而热爱自然、保护环境。

（二）本单元探究内容所属领域的核心素养是什么？所属领域的大观念是什么？

本单元通过幼儿亲自照料植物，经历植物的生命周期，了解植物的结构及其与人类的关系，最终产生保护植物就是保护人类自己的责任意识，从而落实"乐探究、乐表达、有责任"的核心素养。

所属的科学领域的大观念是"生态平衡"，幼儿通过聚焦"结构、需求、影响、赖以生存"这四个概念，建立对生态系统的整体性理解。通过探究了解植物的结构、生长变化，理解人类和周围环境密不可分、相互影响，激发幼儿爱护地球的行动。我们提炼的单元大观念为：植物为人类和其他生命体提供了丰富的资源，并彼此影响。

（三）延伸出的核心任务和核心教学策略是什么？

大观念决定大任务，我们结合幼儿已有经验和兴趣设计了"举办一次植物博览会"的大任务。此大任务分解为四项子任务：子任务1——植物大发现；子任务2——种植小小花园；子任务3——筹备植物博览会；总结性评估任务——举办植物博览会。

本单元的核心教学策略有以下三点。

一是真实性。帮助幼儿建构丰富的关于植物结构、生长变化及其和其他生命体相互影响的直接经验，让幼儿在种植照料植物的过程中发现真问题，建立生命意识。

二是游戏性。在角色游戏、积木搭建等自主游戏中投放具有植物元素的材料，让幼儿在游戏中进行探究。

三是科学性。利用各种观察工具和信息化的方式等支持幼儿尝试理解植物是什么、怎么样和为什么，让幼儿在观察操作中调整自己的想法，建构对植物的理解，而非直接告诉他们答案。

（四）结合整个探究计划图谱，本单元与前后单元的勾连关系如何？

"共享地球"这个主题从小班的"有限的水资源"到本单元的"植物与责任"，都在围绕"联系、责任、资源"展开探究，帮助幼儿形成"地球上的资源是我们赖以生存的条件，人们有保护地球的责任"的大观念。中班幼儿在开始"植物与责任"探究之前学习的是"自然现象与生活"单元，他们对不同天气条件对植物的影响有了初步的认知。幼儿在探究植物与食物关系的过程中，会了解很多与身体健康相关的知识，这可以衔接到下一个主题"我和自己"中有关身体和健康的探究，以帮助幼儿更好地理解饮食健康的重要性。

二　大观念的生成

（一）用超学科主题确定学习的意义

在大观念课程框架中，超学科主题是组织课程内容的重要工具，不仅用于制订整个幼儿园的探究计划，而且指向了全球具有重要性的六大问题，为探索真实世界有意义的主题提供了着力点。本单元属于"人与自然"维度中的"共享地球"的子主题。这个案例聚焦的细则是：探索自然事物及其循环（如水循环、植物生长周期等），发现人与自然环境的基本关系，建立资源保护意识。植物的种植是绝大多数幼儿园都有的课程，但是大观念课程通过超学科主题的聚焦，把种植活动引向了理解人与自然的关系。

表9-2　对标材料分析

学前儿童学习与发展核心经验		超学科主题	学习的意义
发展领域	关键经验		
科学	**观察**：运用多种方式，对事物或现象进行比较观察 **记录与交流**：运用语言的或非语言的各种适宜的方式记录与交流 **事物与现象**： • 对事物与现象的特性及变化进行描述 • 理解事物与现象的一些表面的和简单的因果关系	共享地球	指向对环境保护和资源共享的探究。探索自然环境、自然资源对人类生存的重要意义；生态系统的构成要素和生态平衡；理解与他人及其他生物分享有限资源时的权利与责任
语言	**说明性讲述**： • 在有凭借物的情况下，能够在集体面前独立讲述，但如何构思内容尚需成人的指导与辅助 • 用恰当的词语和简单的句子讲述事物的特征或现象 • 根据不同对象分主次进行讲述		
数学	**量的比较**：识别和描述物体量的差异 **测量**：使用任意单位进行测量		
社会	**社会公德**：照料植物，保护环境 **合作**：活动时愿意接受同伴的意见和建议，在教师的引导下能为了共同目标共同完成任务		

（二）用概念视角统整知识与技能

　　学前儿童学习与发展核心经验和超学科主题只是确定了探究的大方向，我们还需要用概念进一步聚焦。概念往往是自下而上提取，在梳理学前儿童学习与发展核心经验中，我们发现："结构"可以融合科学领域里的观察、记录和交流以及数学领域里非标准测量和量的比较；"需求"可以结合科学领域的事物与现象以及语言领域的说明性讲述；"赖以生存"和"影响"需要调用社会领域的环境保护与合作以及科学领域的事物与现象的磨合等。这些相关概念指向了八大概念的"形式、关系、道德"，据此生成了单元的三条探究线索。

　　线索1：植物的结构。（形式）

　　线索2：植物与人类及其他生命体的关系。（关系）

线索3：人类对植物的责任。（道德）

探究线索框定了本单元的探究范围，围绕这三条线索组织探究活动，幼儿将形成以下理解。（见表9-3）

表9-3　概念整合学科知识

幼儿将知道的知识（K）	幼儿将发生的概念性理解（U）
1. 植物的基本结构和生长条件（科学） 2. 观察记录植物特征与生长过程的不同方法（科学） 3. 识别和描述植物结构等量的差异（数学） 4. 描述植物特征的词汇和简单句（语言）	U1：不同植物有不同形态的结构（形式）
5. 植物的价值（科学）	U2：植物和人类以及其他生命体相互影响（关系）
6. 照料植物的责任（社会）	U3：人们有爱护植物的责任（道德）

综上所述，我们用图9-1来表示概念之间的层级关系。

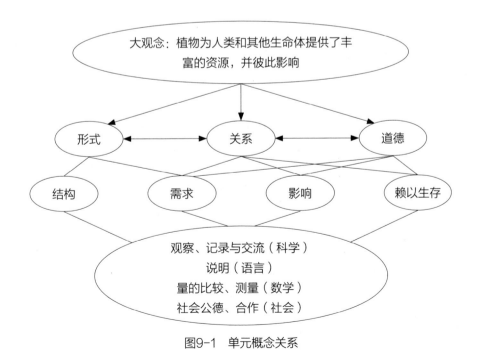

图9-1　单元概念关系

（三）明确要培养的探究能力

本单元是围绕科学展开的，因此科学研究方法决定了幼儿将形成的探究能力。

1．批判性和创造性思考能力

- 能识别特征，能对事物或现象进行观察比较，发现相似与不同。
- 通过接触不同的经验和资源，产生新想法，开启新探究。

2．社交和情感能力

- 认真听取他人的建议，尽力帮助他人，在小组中积极合作。

3．交流、协作和资讯科技能力

- 用录音、数字、图画、符号等各种表征方式对探究过程和结果进行记录。
- 选择适当的工具/资源帮助我们进行探究。

（四）设计育人目标

品格培养通过"做事"来实现。任务的确定和对探究能力的定位，锁定了本单元对幼儿品格、价值观的培养方向是幼儿园的育人目标之"乐探究、乐表达、有责任"。

以"乐探究、乐表达、有责任"为例，本单元要收集的证据如下。

通过前期经验调查表、"问题墙"和"小小问题书"，让幼儿乐于提问和追问；在"植物大发现"前测和"种植小小花园"活动中鼓励幼儿主动使用观察、比较、归类、推理等方法发现有趣的植物构造、植物生长规律以及日常生活中植物的妙用。

在"植物博览会"的计划、准备和正式开展中，培养幼儿学会倾听、乐于交往、协商处理不同意见的能力。幼儿能够调整自己的行为解决矛盾冲突，敢于承担具有一定挑战性的任务。

大观念生成的路径如图9-2所示。

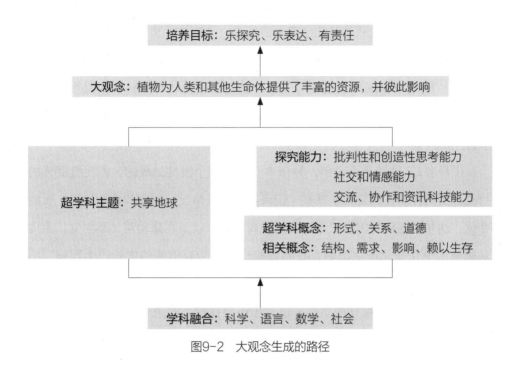

图9-2　大观念生成的路径

三　大任务的创设和评估

（一）大任务的设计

1．大任务的设计依据

大任务是理解的表征，我们需要从任务的完成中"看到"幼儿的理解。当幼儿能向观众描述植物生长变化的过程，能说出种植中遇到的困难以及解决方法，能通过对展品的讲述展现对植物及其与人类关系的理解，能在植物展览会的互动中表现出对植物的关爱、对探究发现的自豪，大观念就被构建起来了。

2．大任务的设计原则

大任务的设计遵循了三原则，重点与幼儿的生活经验相连接，体现了挑战性、学科性、趣味性。

子任务1：植物大发现。我们以幼儿观察身边的植物为起点，拓展到观察"神奇的植物"，既关照了幼儿已有生活经验，又拓展了其对周围世界的认识。让幼儿通过不同感知器官、借助不同工具去观察发现不同植物相同部分的特征（形式），用思维导图识别共性与差异，就是在教会幼儿做科学探究的方法，同时培养了幼儿的高阶思维——识别、分类，重组了幼儿关于植物的片段式的感性生活经验。

子任务2：种植小小花园。种植本身就是一个极具挑战的、需要负责任的行动。我们让幼儿进行科学观察，记录植物生长情况，预测和推断植物生长的变化，幼儿根据植物需求采取适宜的照料行动，就是在建构对"不同生长条件对植物的生长变化产生影响，我们负责任的行为对植物的生长产生影响"的理解。

子任务3：筹备植物博览会。通过小组合作的方式进行植物博览会的协商分工，完成共同任务，策展与布展挑战的是幼儿的交流与协作能力。

总结性评估任务：举办植物博览会。教师关注幼儿在植物博览会上与来看展的观众的互动表现，评估幼儿对前期植物探究过程和发现的理解。

（二）大任务的评估

大任务的评估分为三类：形成性评估、元认知（反思性）评估和总结性评估。

1. 形成性评估

本单元主要从以下几方面开展形成性评估。

- 在单元开始前使用前期经验调查表，收集和分析幼儿关于植物的已有经验和兴趣点。

- 让幼儿参与制订成功标准，并在学习过程中持续更新标准。标准更新的过程，就是幼儿理解发展的过程。

● 在教室开辟专属的"问题墙"，展示幼儿在探究过程中的问题和想法。还可以通过"小小问题书"让幼儿相互交流问题、相互提问、相互回应。随着探究活动的展开，幼儿不断回应问题并提出新的问题，如"为什么树叶上有纹路？""植物会呼吸吗？"等。随着探究活动的深入，幼儿提出的问题也在持续更新，如"没有植物会出现什么状况？"等，这些问题推动着整个探究进程，体现"困惑—探究—思考"的探究循环过程。

● 通过"植物大发现"的交流与分享，评估幼儿对植物的外形特征、结构及其和日常生活联系的理解。

● 通过"小小花园日记本"评估幼儿对植物不同部分在生长过程中的变化、植物的生长条件等的理解，同时观察幼儿照料植物的行动是否有间断。

● 在美工创作，如绘画、橡皮泥塑形，或种植搭建等活动中观察幼儿是否能较完整地表征植物的外形特征与结构、清晰描述植物和日常生活的联系。

2．元认知（反思性）评估

元认知（反思性）评估贯穿单元学习的始末。用反思性问题进行提问是收集幼儿元认知情况的重要策略之一。如在"种植小小花园"的活动中可以询问幼儿对自己在照顾植物过程中的体验——"你觉得自己做得好的地方是什么？""下次你会怎么做得更好？"等。

3．总结性评估

"植物博览会"中重点观察与评估幼儿在和不同对象互动中对植物的不同形态与结构及其与人们生活关系的理解程度，办展中是否有关于照护植物的方法与责任的言行。

四　大观念的实施

我们以默多克的探究六循环作为大观念实施的依据，本单元的探究活动共分为五个部分。

（一）进入探究

1. 前测与激发

引导性问题：什么是植物？说一说你最喜欢的植物长什么样子以及你喜欢它的理由。让其他小朋友猜一猜这种植物是什么。

老师带领幼儿行走在林间小道，捡树叶、捡果子、闻花香、摸树干……。有的幼儿对叶子上面的纹路充满了好奇，手持放大镜对准不同植物的叶子，想一探究竟；有的幼儿张开手臂合抱树干，想用手臂量一量树干有多粗……

幼儿围着神奇的植物，露出好奇的表情，兴奋地交流着各自的发现。有的驻足在能捕捉昆虫的捕蝇草和猪笼草的周围；有的聚集在像花不是花的银扇草、马蹄莲的旁边；还有的对叶上开花的五灯草以及叶上生果的大叶通草充满了好奇。这种幼儿的当下所见与已有认知之间的不一致的情形，激发了幼儿探究植物的好奇心。

老师倾听、记录幼儿对神奇植物的表述，并将其作为前测证据。

2. 提出并定义问题

借助"问题墙"收集幼儿在"植物与责任"单元想要知道的知识。

通过"生活中的植物大发现"前期经验调查表（表9-4），收集和梳理幼儿关于植物的已有经验。

表9-4　前期经验调查表

生活中的植物大发现			
小朋友们，我们生活中吃的、喝的、玩的、用的……，哪些是用植物做的呢？请用绘画、拍照片等方式，记录你在生活中的植物大发现，看看谁的发现最多、最特别！请爸爸妈妈用简单的文字帮助幼儿记录找到的内容。			
植物可以吃	植物可以用	植物很好看	植物还能玩

3．制订探究计划

梳理和分析幼儿在前测话题展现出的经验、兴趣和困惑，制订单元探究计划。

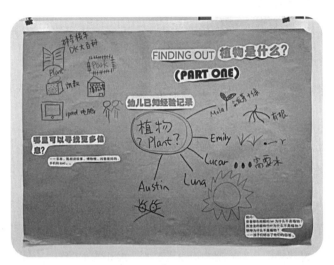

图9-3　单元探究计划

（二）探究发现

1．学习目标

（1）概念性理解

　　U1：不同植物有不同形态的结构。

　　U2：植物和人类及其他生命体相互影响。

（2）探究能力

　　批判性和创造性思考能力，交流、协作和资讯科技能力。

2．学习活动

（1）激发问题

　　植物有生命吗？植物会呼吸吗？植物有哪些组成部分？

（2）完成子任务1：植物大发现

　　线索1：植物的结构。（形式）

线索2：植物与人类及其他生命体的关系。（关系）

（3）活动安排

活动1：初探植物结构

幼儿在家长的协助下，将在阳台、厨房、小区、公园等地方发现的植物拍照记录，并用录音笔录下这些植物在我们的生活中承担着什么角色。

对收集来的植物按照植物部位进行分类，将其放在不同的透明器皿里进行观察。

幼儿通过拍照记录、绘画表征以及实物收集等方式进行初步探究，并将所获得的关于植物结构以及与生活相联系的信息带到幼儿园进行小组分享与展示。通过幼儿间的交流与分享，以及教师对不同形式信息源的整合，幼儿了解到植物都具有根、茎、叶的基本结构，但是不同植物结构的形态具有差异性。幼儿以"种子的秘密"、"有趣的叶子"、"寻根记"以及"五彩的花"为主题分别进行探究，探讨它们和日常生活的关系。

活动2：巧用植物的不同部位

教师带领幼儿认识植物的不同结构和特征在我们生活中发挥着不同的作用。从以兴趣为导向的观察开始，教师可以鼓励、支持幼儿将植物的不同部位通过改造转化为生活用品，或进行艺术创作，如制作香囊、干花书签、树叶画、种子画等，形成个性化的理解。

3. 教学策略

该环节使用的主要教学策略为观察记录、交流讨论、动手操作。

（三）梳理建模

1. 学习目标

（1）概念性理解

U2：植物和人类及其他生命体相互影响。

U3：人们有爱护植物的责任

（2）探究能力

批判性和创造性思考能力，社交和情感能力，交流、协作和资讯科技能力。

2．学习活动

（1）激发问题

为什么我的种子没有发芽？为什么有的植物长得很好，有的植物却死了？

（2）完成子任务2：种植小小花园

线索2：植物与人类及其他生命体的关系。（关系）

线索3：人们对植物的责任。（道德）

（3）活动安排

活动1：种植与照料

引入绘本《爱心树》，探讨植物为我们带来的资源有哪些，以小组的形式讨论我们要种什么，如何让植物长得更好。了解植物各个部分在植物生长中的变化和作用，并承担起照料植物的责任。收集落叶，通过动手操作落叶堆肥的过程，感知植物的妙用以及植物生长所需要的养分。

活动2：植物生长观察与实验

引导幼儿在教室内外植物角、屋顶花园等定点观察植物，使用放大镜等工具进行观察，通过绘画表征植物的结构，记录植物的生长变化，比较不同植物的外形特征。经过持续观察记录，每个幼儿形成自己的植物生长日记。

针对幼儿在观察记录中发现的问题，展开推测，进行对比实验。为了探究不同植物对生长条件的依赖是有所不同的，控制某一生长条件（水/阳光/空气），比较两组植物的生长变化，通过非标准测量工具比较观察不同生长条件对植物生长的影响。同时邀请学习社区中擅长种植的家长或幼儿园绿化工作人员来帮助幼儿一起种植花园，丰富幼儿照料植物的经验。

在"种植小小花园"的活动中小朋友发现植物角或者小花园植物有的出现

枯叶等现象，看起来像生病了。教师基于观察到的情况，请小朋友推断植物生病的原因，他们提出可能是浇水太多或太少、被虫咬等，并鼓励幼儿通过动手操作来给植物治病，从而验证自己的推测。教师基于幼儿的兴趣还设置了茎的吸水实验区，利用芹菜、大白菜的茎开展吸水实验，让幼儿了解不同茎的特点，观察茎内部的变化。

3．教学策略

该环节使用的主要教学策略为观察记录、交流讨论和实验探究。

图9-4　幼儿在观察植物

（四）深入探究

1．学习目标

（1）概念性理解

U1：不同植物有不同形态的结构。

U2：植物和人类及其他生命体相互影响。

（2）探究能力

批判性和创造性思考能力，社交和情感能力，交流、协作和资讯科技能力。

2．学习活动

（1）激发问题

什么是植物博览会？植物博览会上可以有什么？

（2）完成子任务3：筹备植物博览会

　　　线索1：植物的结构。（形式）

　　　线索2：植物与人类及其他生命体的关系。（关系）

（3）活动安排

🎎 **活动1：筹划植物博览会**

　　分组筹划植物博览会。教师首先以"什么是植物博览会？""植物博览会上可以有什么？"等问题引发幼儿对筹划植物博览会的思考。幼儿可以通过积木搭建、绘画等不同方式呈现心目中的植物博览会。其次，通过分组合作的形式让幼儿制订计划书。最后，幼儿在教师和其他学习社区成员的支持下根据计划书分步准备植物博览会，其中会涉及植物博览会宣传、邀请和展品准备等工作。

🎎 **活动2：筹备植物博览会**

　　以一系列探究植物结构以及植物和人们生活关系的活动来筹备植物博览会。通过"蔬菜肚子里的秘密"探究不同蔬菜和水果的内部结构，选择一种蔬菜或水果进行横切、竖切，观察内部特征并进行记录。将切好的蔬菜或水果提取切片，放到显微镜下进行观察记录。还可以利用蔬菜或水果切片进行拓印，在上面添画，进行想象创作。

　　此外，还有比一比哪种水果能榨出更多的果汁、自制植物小香皂以及探究地底下的植物等活动，让幼儿在亲身体验与动手操作中加深对植物的理解。

3．教学策略

该环节使用的主要教学策略为小组合作以及设计与制作。

（五）建构理解、知行合一

1．学习目标

（1）概念性理解

　　U1：不同植物有不同形态的结构。

U2：植物和人类及其他生命体相互影响。

U3：人类有爱护植物的责任。

（2）探究能力

批判性和创造性思考能力，社交和情感能力，交流、协作和资讯科技能力。

2．学习活动

（1）完成总结性评估任务：举办植物博览会

线索1：植物的结构。（形式）

线索2：植物与人类及其他生命体的关系。（关系）

线索3：人们对植物的责任。（道德）

（2）活动安排

幼儿在老师的支持下回顾和反思小组探究足迹，对前期探究的经验与成果进行分类梳理。以年级联动的方式根据每个班级探究重点的不同划分区域，在各自的区域中与学习社区的不同成员，如小班弟弟妹妹、大班的哥哥姐姐以及爸爸妈妈们积极互动，展示探究成果。

3．教学策略

该环节使用的主要教学策略为交流展示以及年级联动。

图9-5 幼儿展示探究成果

五　教学反思

（一）教前反思

1. 基于单元目标的反思

关于植物的探究和学习是去发现并理解植物在自然界中的角色以及植物与其他生物之间关系的过程。首先，幼儿需要对植物的结构和功能有基本的了解，在分析植物各器官功能的过程中，逐渐感受植物与人类、植物与其他生物、植物与环境之间的关系，从而发现植物为我们提供了多种资源，并且理解人类在照料植物、保护环境、爱护自然资源方面应承担责任。

单元目标的设定决定了单元教学的成败。在制订超学科单元的教学目标时，我们确定了几个较核心的领域作为支撑，相应的领域目标和内容成为制订单元目标的重要参考。在"新三维"目标引领下，项目团队把教学目标细分为学生将知道的知识（K）、学生将发生的概念性理解（U），以及学生将具备的能力（D），并且结合目标的难度进行了分层设计。以终为始的教学目标设计为后期开展旨在提升幼儿领域核心经验的学习活动奠定了坚实的基础。

2. 基于学情的反思

对于大多数幼儿来说，植物可能是无声无息的，它们不像动物和交通工具那样容易吸引自己的注意力。因此，我们从生活中的哪些植物可以吃、哪些植物能观赏等话题切入，引发幼儿对植物的关注。

通过幼儿在植物角和屋顶花园表现出的相关经验，我们发现一些有趣的现象，比如：在教室的植物角中，我们总会发现幼儿浇花时会把水浇到外面，原来他们对着叶子洒水，所以弄湿了外面。交谈后发现幼儿并不理解植物用什么吸水，他们觉得给植物喝水，对着叶子浇就行了。这些行为反映了幼儿对植物生长的理解水平，是我们后续设计活动的依据。在之前的数学领域活动中，幼儿曾开展过简单的运用工具测量的活动。我们在本主题中也设计了植物生长相关的测量活动。

从幼儿的生活经验来看，他们对植物的外形和构造以及和生活的关系有一定的经验，但是这些经验更多是感性的，缺乏梳理与整合。植物单元的探究就是让幼儿在已有知识和经验的基础上，逐步探究，发展相关领域核心经验，逐步形成概念性理解。

（二）中期反思

针对幼儿的兴趣与疑问，我们如何回应以支持幼儿的自主探究（差异化教学）？

一方面，从生活情境出发，基于生活经验，借助实验等方法帮助幼儿理解植物的特征。对于一些生活中不常见的现象，比如植物各器官的功能，我们运用一些小实验，将植物各器官的功能变得可视可察。在实验的过程中，幼儿的批判性和创造性思考能力以及交流、协作和资讯科技能力都得到提升。

另一方面，在深入探究、建构理解以及知行合一的探究阶段，我们以班级为单位开展与最终的表现性任务相契合的项目化学习，以项目化和问题驱动来促进幼儿对植物与生活关系的深入探究。围绕着"植物和生活的关系"，年级组中的不同班级分别聚焦植物与健康、植物与食物、植物与装饰、植物与衣物、我们对植物的责任进行探究。在同一个班级的项目中，也会让幼儿有机会选择自己最喜欢的子任务进行重点探究与学习，以满足幼儿的探究需求。最终将这些探究成果呈现在"植物博览会"中。

（三）教后反思

1. 我们的教学策略在多大程度上帮助了幼儿的理解？

为了让幼儿在日常的学习空间中接触自然，我们在教室植物角和屋顶花园持续开展种植活动，非主题探究时间进行的种植活动为他们累积了种植经验。在本次主题探究过程中，我们和幼儿一起回顾了种植经历、讨论分析了种植成败的原因。

我们鼓励幼儿将主题经验延伸到实际生活中，在生活中积极承担照料植物的责任，合理使用植物资源，成为爱护植物的环保小卫士。我们评估幼儿日常的相关行为，并且鼓励幼儿将自己为自然承担责任的行为坚持下去。

在后期的项目化活动中，我们为幼儿创设了"植物博览会"这样一个基于真实情境的综合性任务。针对班级探究的重点，链接身边各类的资源，比如青浦赵家豆腐、练塘土布、茭白编织等，丰富幼儿主题探究经验。此外，我们还整合了社区资源，为幼儿提供更大的展示舞台。

2．哪些主要证据证明了幼儿发展了对KUD的理解？

幼儿在整个探究过程以及最终的"植物博览会"中，表现出核心素养的发展。乐探究：会运用图像表征、数据记录、工具测量观察记录植物的特征与生长过程；能根据对植物的观察结果提出问题，并大胆猜测与动手验证答案。乐表达：使用恰当的词汇，用简单句描述植物的特征和生长条件；能根据不同对象分主次分享植物探究的过程与成果；当别人的想法和自己不一样时，能倾听和接受别人的意见，不能接受时会说明理由。有责任：能根据植物的特性采取保护和照料植物的行动。

附　录

附录1　六大超学科主题

三大维度	六大超学科主题	描述
人与自我	我是谁	这是对自我的探究。自我是探究主体，也是探究对象；自我拥有丰富的探究资源，对自我的探究既包括对自我构成如身体、心智、精神追求等的探究，也包括对各种人际关系、权利与责任的探究。
	我如何表达自己	这是对符号标识、表达方式及审美观的探究。人是通过符号系统进行自我表达和沟通交流的，因而语言符号本身成为重要的研究内容；人们通过各种方式表达情感、价值观、观点，展示创造力，表达方式构成探究的另一内容；人人都有美感，并可通过艺术表现出来，因而，审美也成为重要的探究内容。
人与社会	我们如何组织自己	这是对个体与群体关系的探究。人人均是群体中的一员，群体组织塑造了我们的生活，我们也塑造了组织机构。因而，制度与社区的关系，组织的结构与功能，当地发展过程与全球发展过程的关系、决策机制对人类的影响等问题成为重要探究内容。
	我们身处什么时空	这是对时空意识的探究。每个人都身处一定的时空并都有感知时空的能力。因而，个体（群体组织）的过去与未来、各种人类文明、旅游与迁徙，从个人、当地和全球的观点探讨个体与文明之间的相互关系等人类现象，成为这一主题领域的重要探究内容。
人与自然	世界如何运作	这是"关于自然"的自然探究。这不仅包括对自然现象、自然规律、科学技术的体验和对科学原理的探究，也包括人与自然的互动、科技进步对社会和环境的影响、环境对人类活动的影响。
	保护自然	这是"为了自然"的自然探究。关照自然探究的伦理原则，既要对自然研究的目的、手段以及过程给予伦理观照，也要致力于化解人与自然的冲突，明确人类与自然的权利与责任，保护、善待自然并笃行践履，提高保护自然的实践能力。

附录2　八大超学科概念

形式	它是什么样子的?
功能	它是怎样运作的?
因果	它为什么是这样的?
变化	它是怎样变化的?
关系	它与其他事物有什么联系?
视角	来自不同视角的观点有哪些?
道德	我们的责任担当是什么?
审美	我们对文化、艺术和自然的鉴赏态度是怎样的?

附录3　三大探究能力

批判性和创造性思考能力		
批判性思考	分析	• 我能够将想法分成更小的部分，追根溯源，分析因果 • 我能够寻找模式、相似性和差异性 • 我能够识别特征
	评价	• 我能够基于证据形成一个论点，并质疑那些没有证据的论点 • 我可以把想法、观点和挑战联系起来 • 我能够检验、概括和下结论
	形成结论	• 我可以进行归纳，得出结论 • 我可以利用支持性信息创造、发展和捍卫我的解决方案
	反思	• 我可以回应关于我所接触或经历事情的质疑 • 我可以确定我的长处和需要改进的地方
	元认知	• 我可以质疑自己对学习的理解和过程 • 我意识到人们的学习方式不同，我知道自己学习的最佳方式
创造性思考	产生新想法	• 通过接触不同的经验和资源，我可以产生新想法、开启新探究 • 我可以在貌似缺乏关联的事物之间建立联系 • 我可以重建或改进现有的产品和流程
	考虑新角度	• 我可以提出"如果……会怎么样"的问题，并利用它们来推动我的探究 • 我重视"不可能"的事情，并从中得到启发 • 我的思维是灵活的，并能以多种方式表达出来
	迁移应用	• 我可以将知识和技能用于校内和校外的不同情况 • 我可以将我的知识和技能应用于当地和全球的环境中

续表

社交和情感能力		
自我意识	专注力	• 我可以把我的注意力集中在当下 • 我可以清除内部和外部的干扰 • 我可以根据自己的需要确定和选择正念练习（例如，引导式冥想、瑜伽、正念行走）
	毅力	• 当我遇到障碍或挑战时，我会体现出毅力 • 我通过坚持不懈地克服挑战来发展理解力，显示我的决心 • 我有策略来消除或克服学习中的障碍
	情绪管理	• 我知道是什么触发了我的不同情绪 • 我为自己的行为负责 • 我可以使用诸如正念练习等策略来帮助管理压力和极端情绪
	自我驱动	• 我了解我被驱动去做什么 • 我可以确定实践的动力是来自内部（内在的）影响还是外部（外在的）影响 • 我使用我的主动权
	自我修复	• 我能够以富有成效的方式管理挫折，包括采用正念练习 • 我将逆境、失望和环境变化作为催化剂，反思、重新评估和重新制订我的计划
自我管理	制订规划	• 我可以为自己计划一个平衡的时间表 • 我可以根据不同任务的需要准备和组织设备 • 我可以创建并使用一个系统来记录我的学习 • 我可以有效地使用技术并取得成果
	时间管理	• 我使用工具来帮助我记录时间 • 我可以对完成某件事情需要多长时间做出现实的估计并在必要时进行调整
	目标设定	• 我可以设定具有挑战性和现实性的短期和长期目标 • 我可以在特定的时间范围内承担并完成任务
负责任的决定	自制力	• 我可以调节自己的情绪、想法和行动 • 我可以为自己的权利和需要辩护
	决策力	• 我知道我对自己的看法可能与其他人对我的看法不同 • 当别人有积极或消极的经历时，我能与他们共鸣 • 我可以做出公平和公正的决定
关系管理	尊重他人	• 我关心他人的需要 • 我有一个开放的心态，用行动尊重源自差异的力量
	帮助他人	• 我尽力帮助他人成功 • 我为他人的权利和需要发言 • 我使用策略来防止和消除欺凌行为
	团队角色	• 我知道我的行为对团队的影响 • 在团队中工作时，我练习并鼓励合作行为 • 我在合作或协作时，会改变我所扮演的角色
	解决冲突	• 我能够对具有挑战性的情况做出合理的反应 • 我认真倾听他人的意见 • 我可以清楚和冷静地表达我的需求，帮助纠正分歧 • 当其他人发生冲突时，我可以充当调解人

交流、协作和资讯科技能力		
信息交流能力	聆听	• 我能够听从指令和说明，并在必要时提出澄清的问题 • 我能够谦逊地听取信息和他人的观点
	理解	• 我能够识别、创造并使用符号、标识和声音来表达想法 • 我知道我的肢体语言和面部表情可以给别人很多信息 • 我的肢体语言在不同的国家可能意味着不同的意思
	说	• 我能够清晰地表达自己的想法，让别人理解 • 我能够在小组和大团体中分享想法和意见 • 我能够与他人面对面或使用数字媒介讨论和协商想法与事实
	读	• 我阅读各种文本获取快乐和信息 • 我对我所读的内容进行反思和质疑，建立与文本的联系和超越文本的联系 • 我可以用我所读的内容来支持和加强我的创意作品
	写	• 我可以为不同的目的和读者写作 • 我可以用自己的语言记录和重写我所读的信息 • 我使用图形组织器等工具来协助计划和起草书面作品 • 据我所知，书面语言的形式因学科而异，例如数学和音乐符号 • 我意识到我的用词会影响别人对我的看法，特别是在网络环境中
	知情选择	• 我可以根据受众选择最有效的沟通方式 • 我可以调整或改变我的沟通方式，适应不同的受众
信息素养	制订与规划	• 我知道我想/需要发现什么，我可以提出问题来推动这一探究 • 我可以预测我在探究中需要采取的步骤，并利用这些步骤来制订计划 • 我可以选择适当的工具/资源来帮助我进行探究
	收集与记录	• 我可以通过各种渠道（主要和次要）收集信息 • 我可以使用我所有的感官来注意细节 • 我可以确定最合适的方法（绘图、记笔记、表格、统计等）来记录我发现的细节
	整理与阐释	• 我可以对信息进行排序和归类 • 我可以从不同的地方获取相关的信息，并将其组合成一个有意义的整体
	评价与交流	• 我可以从我收集的数据和信息中识别出模式和关系 • 我在交流发现时会识别信息来源 • 在考虑受众之后，我会选择一个平台来分享我的发现
媒体素养	媒体表达	• 我意识到人们如何在网上表达自己和被表达 • 我批判性地思考这种表达可能的准确性 • 我对自己在网上的表达会做出有意识的选择
	消费与加工	• 我可以使用在线平台来查找信息 • 我可以使用批判性思维技能来评估我在网上找到的信息
	考虑线上观点	• 我从网上查找各种观点 • 我从多个来源收集信息以支持或挑战我的想法
	创造	• 我可以使用不同的媒体和平台来沟通我的想法 • 我在为我的想法和创作选择沟通方式时，会考虑有效性和效率

续表

交流、协作和资讯科技能力		
媒体素养	道德使用	• 在与媒体互动时，我有原则并表现出诚信 • 我考虑到我的选择对他人的影响
	来源的可靠性	• 我意识到偏见，并使用策略来检测来源中的偏见 • 我使用工具和批判性思维来确定来源的可信度

附录4　八大培养目标

家国情怀	有理想，热爱祖国，热爱人民，热爱党，理解和践行社会主义核心价值观，将个人价值融入国家富强、民族振兴、人民幸福的伟大梦想中
国际视野	关心时事，热爱和平，尊重和理解文化的多样性，初步具有国际视野和人类命运共同体意识
乐学善思	勤于思考，有强烈的好奇心与求知欲，形成良好学习习惯，发展终身学习能力
勇于探究	敢于创新，学会在真实情境中发现问题、解决问题
喜欢交流	学会交往，善于沟通
善于协作	具有基本的合作能力和团队精神
个性健全	强身健体，健全人格，形成积极的心理品质，具有抗挫折能力和自我保护能力；向善尚美，具有审美情趣和艺术表达能力
敢于担当	坚毅勇敢，自信自强，诚实守信，明辨是非，遵纪守法，孝亲敬长，团结友爱，热爱自然，珍爱生命

附录5　理解"六侧面"

在以学生为中心的课堂上，教师的任务更多的是通过倾听、记录来收集学生达成概念性理解的证据。那么，我们如何知道学生理解了？理解有哪些可以识别的外部特征？在此，我们借用美国教育家威金斯的理解"六侧面"来帮助我们检验任务是否指向理解。

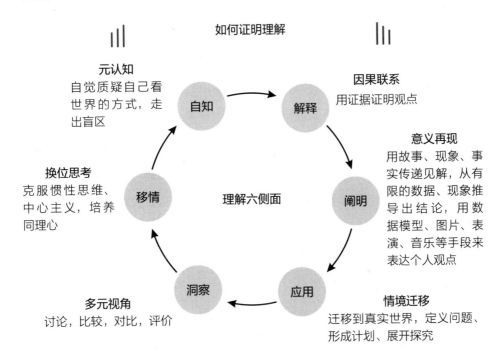

为什么是这六个侧面？因为理解是复杂的。有时候，深入的领悟是理解（洞察），但很多时候，我们受自己处境所限很难理解对方（自知），尤其是对方的观点，这时候，我们需要换位思考，去寻求尊重与认同（移情）；有时候，理解是理性的批判性思考，用证据证明观点（解释）；有时候，感性地讲一个故事、用一张图片也能传达我们的理解（阐明）；有时候，我们能够解释，但是不能够迁移（应用）……。这种复杂情况促使我们寻求多元理解的证据。

侧面1：解释（explain）

为观点提供证明，为现象、数据提供解释，说明背后的关联、原因等。比如，学生对数学定理提供证明和推导，对科学现象提供理论分析，为疫情提供预测，为某一观点提供辩护等。这些动词就是我们要寻找的证据。用"解释"来表现理解，贯穿整个学习活动始终。

侧面2：阐明（interpret）

如果说解释是理性的批评性思考，那么阐明就是感性地通过描述故事/事实传递见解。比如：数学从有限的数据中推导出结论，经济学通过现有的现象与指标判断出大趋势，历史学通过有限的历史线索重建时间和文物的意义，文学则通过自己人生经验与文本的对接进行阐明。和解释不同，解释是以理论为依托的，是理性的；阐明是个性的、情境的，对同一理解可以有不同的阐释方式，如学生可以用数据模型、图片、表演或音乐来表达个人观点。

侧面3：应用（apply）

这个最容易理解，但是也最容易误解。比如：数学应用题是应用吗？威金斯称之为"假应用"，真应用是迁移到新的情境。真实世界的问题往往足够复杂，学生不能直接把知识搬去用，而是要判断任务、形成过程性计划，经历"探究—行动—反思"的循环，还要关注到完成的作品对受众的影响。

侧面4：洞察（perspective）

指站在一定高度看全局，审视多元观点，多个角度看问题，从而形成自己的理解。比如学习新闻，需要审查不同媒体平台的立场，在得出结论时，要关注同一领域的不同观点，同时注意各个观点之间的关系。课堂辩论往往有助于形成洞察能力。

侧面5：移情（empathy）

也称换位思考，它不同于前面几个侧面：解释是批判的眼光、客观的角度，洞察更是保持距离地冷峻审视，而移情是温暖的，把自己代入，试图找到他人观点和行为的合情合理之处。移情也是一种洞察，可以克服我们惯性思维的局限，帮助我们理解不熟悉、不被接受的事物。这一侧面对应的任务可以是角色扮演，比如：科学课上为某个被质疑的理论提供辩护，可以是改换人称视角的二度创作，可以用于英语的跨文化理解，可以是历史课上还原某一历史时刻的重大决定……。学生经历"入戏"和"出戏"，对代入的角色进行"审视"：这个角色的视角是什么？偏见是如何被塑造的？这些任务都有助于帮助学生克服自我中心主义、民族中心主义、当代中心主义的倾向，培养学生的多元理解力。

有意思的是，移情属于思考技能中的辩证思维：同时考虑两个或多个不同观点，能够基于别人运用的知识为每个观点构建论据，认识到别人也会有自己的观点。

侧面6：自知（self-knowledge）

和我们通常理解的"反思"相比，这里更多指向的是"认识自己的局限与无知"：我承认自己的无知，我知晓自己的思维模式和行为方式的优势与局限，自觉质疑自己看世界的方式。

我们可以提供这样一些脚手架给学生，帮助他们建立元认知：我知道了什么？我是如何知道的？这个知识的可信度如何？我是以什么方式获取这个知识的？这一方式的优势与局限是什么？我的观点如何被经验、习惯、偏见等塑造？

我们可以设计一些学习活动，帮助学生发展自知，如为作文提供一个自我创作的陈述、提供一份自评、提供一个非常个性化的自我介绍、探究过程中KWL表的填写等。

附录6 可视化思维工具中英文名称对照表

英文名称	中文名称
3-2-1 Bridge	3-2-1桥
3-2-1 Reflection	3-2-1反思
4C（Contact-Call in Question-Conclusion-Change）	联系—质疑—观点—变化
5W1H	六何分析法
Blob Tree	一棵管理情绪的树
Brainstorming	头脑风暴
Bubble Map	气泡图
Cause and Effect	因果
Chalk Talk	笔谈
Chart Paper	记录纸
CSI（Color-Symbol-Image）	颜色—符号—图像
CSQ（Claim-Support-Question）	主张—证明—提问
Exit Tickets	出门条
Gallery Walk	画廊漫步
Give One，Get One	分享与得到
I used to think...，but now I think...	过去我认为……，现在我认为……
KWHL	已知—想知—怎么做—新知
KWL	已知—想知—新知
Make a Survey	做调查
Me-to-We	找朋友
Parking Lot	停车场
Pushing the Snowball	滚雪球
Question Starts	问题星
Rainbow Walk	彩虹环游
STW（See-Think-Wonder）	观察—思考—怀疑
Survey Table	调查表
T-chart	T表
Throwing a Snowball	扔雪球
TPE（Think-Puzzle-Explore）	思考—困惑—探究
Venn Diagram	韦恩图
Wonder Wall	问题墙

出 版 人 郑豪杰

责任编辑 颜 晴 杨建伟

版式设计 锋尚设计 孙欢欢

责任校对 马明辉

责任印制 叶小峰

图书在版编目（CIP）数据

幼儿园大观念课程：设计与实施 / 张华，任燕，王茜主编． -- 北京：教育科学出版社，2025.4． -- ISBN 978-7-5191-4404-3

Ⅰ．G612

中国国家版本馆 CIP 数据核字第 2025GV1829 号

幼儿园大观念课程：设计与实施

YOU'ERYUAN DA GUANNIAN KECHENG：SHEJI YU SHISHI

出 版 发 行	教育科学出版社				
社　　　址	北京·朝阳区安慧北里安园甲 9 号		邮　　　编	100101	
总编室电话	010－64981290		编辑部电话	010－64981265	
出版部电话	010－64989487		市场部电话	010－64989009	
传　　　真	010－64891796		网　　　址	http://www.esph.com.cn	
经　　　销	各地新华书店				
制　　　作	北京锋尚制版有限公司				
印　　　刷	河北鹏远艺兴科技有限公司				
开　　　本	720 毫米 ×1020 毫米　1/16		版　　　次	2025 年 4 月第 1 版	
印　　　张	14.75		印　　　次	2025 年 4 月第 1 次印刷	
字　　　数	198 千		定　　　价	58.00 元	

图书出现印装质量问题，本社负责调换。